Mind Hunter

破案神探

百战百胜的超级沟通法

朱其真 ◎ 著

中国法制出版社
CHINA LEGAL PUBLISHING HOUSE

PREFACE

前言

一说到破案专家，我们可能会想到电影中那些身手矫健、反应敏捷、武力超强的破案英雄，不过那毕竟是经过艺术加工的人物形象。在现实中，破案专家除了要与犯罪分子英勇搏斗之外，更多的时候则是要与形形色色的沟通对象打交道，其中不仅有嫌疑人、犯罪分子，还有证人、知情人和其他社会人士。而且破案专家还需要与自己的上级、下级、同事做好沟通和交流，这样才能更好地提升工作效率，做到协同作战、默契配合。

也正是因为这样，破案专家非常重视对自身沟通技能的训练。他们通常需要接受大量的沟通方面的培训，并且还要接受上级安排的各种测试，以保证他们能够胜任各种情境下的沟通工作，并可以熟练操作各种新颖的沟通媒介。

经过不断的培训以及工作中的长期锻炼，破案专家的沟通水平才能不断提高。当他们面对不愿意开口的沟通对象时，可以借助“察言观色”来探知其心中的真实想法；当他们遇到态度强硬、蛮横、无理取闹的沟通对象时，则可以通过“攻心”技巧打开他们的心扉，让他们愿意软化态度配合沟通；当他们陷入沟通僵局时，也总是能够找到适当的谈话战术，让停滞不前的局面实现突破。

正是由于很多破案专家都是地道的沟通专家，所以当我们在沟通上遇到难题的时候，就不妨向他们取取经，学习他们的一些充满智慧和技巧的沟通方法。而这也是本书编写的初衷，我们希望读者能够一边学习破案专家日常沟通的实例，一边理解和掌握他们对沟通艺术的高超运用。

本书分为八个章节，几乎涵盖了破案专家日常沟通中方方面面的细节，在阅读和学习本书后，读者可以学到很多沟通技巧，如在沟通之前要选准时机、场合；在沟通开始时要做到巧妙开场，获得对方的信任；在沟通期间则要注意采用语言技巧，以赢得沟通的主动权等。

为了让读者在阅读时不感觉枯燥乏味，我们还在章节中加入了引人入胜的精彩案例，其中不乏“炸弹客”“娃娃脸纳尔逊”等著名的案例，不仅可以让读者学到沟通方面的知识，还能为读者带来阅读的乐趣，丰富读者的生活。另外，我们还结合了破案专家的建议，向读者提供了很多切实可行的沟通方法，大大增强了本书的实用性，使读者能够在阅读中受益，在阅读中提高。

当然，由于本人水平有限，再加上时间仓促，本书可能存在一些缺点和不足，在此还请广大读者批评指正。最后，衷心祝愿每一位读者都能够切实领会书中所讲的沟通艺术，并可以一跃成为沟通高手！

CONTENTS

目录

第一章

预设氛围，提升沟通质量

选准时机，获取更多信息

沟通不能随心所欲，而应选准时机。时机不恰当，就可能会严重影响沟通的效果，使我们不仅无法从沟通中获取更多有价值的情报，还有可能会弄僵与沟通对象之间的关系，为再次沟通造成更多困难。相反，如果沟通时机得当，就能够帮助我们收获很多。在这方面，彭·杰克博士就曾经指出：“我们要在正确的时机去和适当的对象沟通适当的话题。”

彭·杰克博士曾经对人的思维能力做过长期的专门研究，他发现人的思维在每天上午的时候比较冷静和理性；随着时间的推移，到了下午的时候，人们会因为疲劳而变得思维有些混沌，在思考问题时也不会过于深入；到了夜晚，人们则会因为身心俱疲而渴望得到放松和休息，这时思维方式会呈现出偏感性的特点。基于这样的思维变化规律，破案专家就会更加科学地安排和他人的沟通时机。如果是要召开会议，与同事一起探讨一些理性的话题，就会尽量选择在上午进行。而要是想对一些嫌疑对象“套话”，则会尽量选择在下午或晚上进行，因为这时对方状态往往比较放松，比较容易从其口中获得更多线索。

破案专家劳伦斯·沃克也曾经这样说道：“我们常常会将约谈安排在

下午进行，这可能是套取他人口中真话的最佳时段。”有一次，沃克准备与刚刚进入印第安纳大学工作的一位韩国教授见面，他选择在当天傍晚时分来到该教授居住的公寓。

沃克一见到教授就友好地向其微笑问好，可那位教授却感到有些紧张，表现得非常拘束。沃克见教授正在做晚饭，便和蔼地开了个玩笑：“实在抱歉，我选择这个时候来拜访，您可能要在餐桌上多加一副餐具了。”教授一听也笑了起来，心情放松了不少。于是沃克和教授一起来到厨房，他一边看教授准备菜肴，一边好像不经意似的跟教授东拉西扯起来。在闲谈的过程中，沃克将自己想问的信息隐藏到了一个个看似平常的问题中，而教授因为状态非常放松，也愿意将自己的情况坦诚相告。

经过一番沟通后，沃克了解到教授的工作是非常基础性的，没有特定的需要保密的内容，也没有不合法规的项目，和自己正在经办的一起案件并没有直接的关联。但是他又从教授口中得到了一个非常有用的线索，使他注意到了之前被自己忽略的一个线人，于是他满意地与教授道别，圆满地结束了这次沟通。

沃克能够顺利进行沟通并获得自己需要的信息，就是因为他非常注意选择适当的沟通时机。事实上，除了要注意选择一天之中最适合的时间进行沟通之外，破案专家还会注意以下这些与沟通时机有关的原则。

1. 根据天气决定沟通时机

世界知名的心理学专家保罗·埃克曼曾经对“天气影响人类情绪”的课题进行过深入研究，他指出：“恶劣的天气容易诱发人类的负面情绪，可能会引起或加重抑郁、烦躁、愤怒、悲伤等坏情绪。”因此，破案专家在与他人沟通时，会尽量避免在阴雨连绵或风雨交加的天气进行，特别是在与一些有抑郁倾向的对象谈话时，更是会尽量选择在晴好的天气进行，以免因对方情绪不佳而影响沟通效果。

2. 根据对方所处状况决定沟通时机

在沟通时不能一味只图自己方便，还要考虑到沟通对象目前的状况是否“方便”，这样才能保证对方的注意力不会受到干扰，而沟通也才能够取得更加理想的结果。

比如，破案专家准备向一些对象咨询问题时，如果看到对方正为了一些事务而忙碌、分身乏术时，就不会要求立刻与其对话，以免打扰对方，引起对方的反感；再如，对方正在与其他人探讨一些重要问题时，如非特别必要，他们一般也不会随意开口打断对方，以免让对方感觉很不礼貌。总之，破案专家会尽量选择对方比较空闲、放松的时机与对方对话，这样对方也能够集中注意力在破案专家想问的问题上，沟通也才能够更加顺利地进行下去。

3. 根据对方的生理、心理表现决定说话的时机

破案专家还会在沟通前和沟通中注意观察沟通对象的生理、心理表现，如果感觉对方的状态不适合接受询问，他们就会很自然地转换话题，说些更加轻松的事情或是干脆提前中止询问。

比如，破案专家在沟通时发现对方有身体不适的现象，如脸色发白、呼吸急促、大汗淋漓，或是发现对方情绪很不稳定，有大喜大悲、发呆、怔忪、词不达意等情况时，都会注意调整沟通时机，如有必要还会立即结束谈话。

此外，破案专家还会注意在谈话期间满足对方自我表现的欲望，他们不会一味滔滔不绝地问话，却不给对方留下一点说话的空间。他们还会把握好适时的停顿和沉默，让谈话变成双向沟通，而不至于成为无效的“个人表演”。

选对场合，掌控对方心绪

沟通场合的选择是否得当，对于沟通能否顺利开展同样具有重要意义。对此，破案专家彼得·克里斯迈特指出：“探员们必须谨慎选择沟通的场合，并采取相应的沟通策略，这样才能更好地掌控对方心绪，让对方愿意说出更多真相。”

克里斯迈特曾经负责一起凶杀案的调查工作，该案件的被害人是美国加利福尼亚州一位著名的富豪比尔泽恩老先生，当时很多人都怀疑比尔泽恩离奇遇害与他年轻漂亮的太太杰西卡有关系。

克里斯迈特与杰西卡在警察局进行过一次谈话，这位太太表现得异常冷静，看不出有什么悲伤的情绪，回答问题也是滴水不漏，让克里斯迈特和同事感到非常棘手。

在经过一番调查后，克里斯迈特决定换个私人一些的场合再做一次沟通，于是他征得了杰西卡的同意，来到了她在海边的一所别墅。这所别墅始建于20世纪80年代，是比尔泽恩先生特地买下来送给她的生日礼物。

当克里斯迈特对这所别墅发表了一番真诚的赞美后，杰西卡冷漠的表情终于出现了松动，她的神色看起来有些悲伤，还用怀念的语气说道："我永远也不会忘记我第一次来到这里的情景，我的丈夫给了我一生难忘的惊喜。他比我大二十多岁，很多人都怀疑我们之间的爱情并不纯粹，可是他们肯定想象不到我们在一起是多么融洽和快乐。"

在杰西卡回忆过去的时候，克里斯迈特一直留心观察着她的表情，可以确定她所说的话确实是肺腑之言。接下来，在克里斯迈特的请求下，杰西卡带着他在别墅里游览了一番。在这个过程中，杰西卡也为他讲述了很多她和丈夫之间感人的爱情故事，让他深深为之感动……

如果说在这次沟通前，克里斯迈特对杰西卡还存有一些怀疑，那么在这次沟通后，他毫不犹豫地将杰西卡的名字从嫌疑人名单中划掉了。此后不久，通过克里斯迈特和同事的不懈努力，案件终于告破，凶手确实不是杰西卡，之前怀疑她的那些人都夸奖克里斯迈特，说他有"先见之明"，可他却谦虚地说："我只是找对了沟通场合，才得到了有价值的信息，洗刷了无辜者的嫌疑。"

在上面这个案例中，破案专家克里斯迈特将沟通的场合选择在对方最为熟悉和喜爱的环境中。在这样的沟通场合，对方会有一种安全、放松的感觉，只要进行适当的引导，就能够开启对方的心扉，听到对方的心声。不仅如此，由于是在对方平时生活出入的场合进行沟通，因而可以更加方便地了解对方的一些生活习惯，更有可能探听到一些不为人知的隐秘信息。

当然，这并不是说所有的沟通都应当安排在对方熟悉的地方，为了更好地掌控对方的心绪，我们不妨参考破案专家在选择沟通场合时经常会采用的一些方法：

1. 根据沟通内容选择沟通场合

在与他人进行沟通的时候，首先应当依据自己的沟通内容来慎重选择沟通场合。比如，准备讨论的是比较严肃和正式的问题，那么就适合在正式的场合进行交流，这样双方都会对所谈话题引起足够的重视，在措辞的时候也会注意做到严谨、准确。但如果要谈论一些私人问题，则适合在非正式的场合进行交流，像一些环境清幽、气氛良好的酒吧、咖啡厅、餐厅等都可以成为沟通时不错的选择。在这种场合沟通时，对方也容易卸下心防，可能会说出更多有价值的信息。

2. 根据沟通对象特点选择沟通场合

在选择沟通场合时，我们还应当考虑到沟通对象的特点，最好能够多进行换位思考，看看沟通对象最有可能在什么样的场合吐露心声。破案专家在这方面可谓经验丰富，他们会将一些态度蛮横的嫌疑人带到警察局等具有强制性质的场合，对他们进行正式侦讯，在沟通时语气也会适当强硬一些，这样可以对嫌疑人的心理起到一定的震慑作用，使他们不得不同意配合调查。当然，对于像本节案例中的杰西卡这样善于隐藏内心的沟通对象，破案专家也会选择带有私密性质的场合与其交谈，以便使对方的态度软化，为沟通提供更多的可能。

3. 根据与沟通对象的关系选择沟通场合

与沟通对象的亲疏、上下级关系等，也可以影响沟通场合的选择。比如，在与关系亲近的亲人、朋友、同事等沟通时，可以选择在一些气氛温馨的私下场合进行，这样既便于双方在沟通时不受拘束地畅所欲言，也能够让双方之间的关系变得更加融洽、亲密。但要是和初次相见的陌生人以及地位尊崇的上级领导等进行沟通，则应当选择气氛严肃的场合如会议室、办公室进行，以便双方可以开诚布公地谈话，避免一些不必要的因素干扰。

需要提醒的是，在选择好沟通的场合后，有时还应当注意其中的环境因素，如光线的幽暗与明亮、空气的滞闷和清新、天气的炎热与清凉等。这些环境因素会对沟通对象产生不同的影响，会让他们的心境有所变化，并有可能影响到他们表达的欲望，所以我们还应当利用好这些环境因素，才能更好地预设沟通氛围，提高沟通质量。

知悉距离，获得心理认可

在沟通时，我们要注意与对方的身体之间保持合理的距离，这种距离虽然无声无形，但却能影响到沟通的顺利与否。因为如果距离太远，会让对方产生疏远的感觉，而且对方可能会听不清我们所说的话语，也看不清我们脸上的细微表情，这样就会严重影响沟通的质量；可要是距离太近，但关系又不是足够亲密的话，又会让对方有一种很不舒服的感觉，也会让沟通的氛围陷入尴尬。对于这个问题，著名的“侦探大师”乔·纳瓦罗指出：“人与人之间应当注意一定的空间距离。这种空间距离不但界定了沟通的形式，也确定了沟通的广度与深度。”

纳瓦罗曾经和一些心理学家做过这样一个有趣的实验：

在美国加州的一家警察局里，等候厅中的座位上只有一个模样普通的中年人，他百无聊赖地看着对面墙上的电视机，等待有警员来接待自己。正在这时，纳瓦罗装扮成一位普通的市民，手里拿着一些文件，径直走过去，坐在中年人的身边。

中年人疑惑地看了看纳瓦罗，而纳瓦罗则拿起了文件，似乎将注意力完全集中在那些文字上。中年人又看了看周围的环境，发现空座位还有那么多，可纳瓦罗偏偏选择了离他最近的位置，这种过近的距离让他感觉很不舒服，但又不好意思责怪纳瓦罗。于是中年人烦恼地摇了摇头，用责备的眼神瞥了纳瓦罗一眼，然后站起身，在等候厅另一头找了个空座位坐下。现在他与纳瓦罗之间的距离变得安全、舒服多了，这让他脸上的表情逐渐松弛下来。

纳瓦罗细心地观察着这个中年人的全部反应，并小心地记录下来。没过多久，大厅里的人逐渐多了起来，空座位也变得越来越少。在这个过程中，纳瓦罗发现，几乎所有人都不喜欢和陌生人紧紧地挤在一起，他们总是会努力寻找离陌生人较远的座位坐下。

纳瓦罗还安排了几位心理学家去扮演“捣乱者”的角色——他们随机挑选对象，像纳瓦罗对那位中年人所做的那样，在空座位还较多的时候却非要坐在别人身旁，结果被测试的对象无一例外地表现出了奇怪、讶异或反感的情绪，其中有一个老妇人甚至直接不客气地质问道：“你离我这么近，想要干什么？”

俗话说，“距离产生美”。事实上，人与人之间的确存在着看不见的界限，而乔·纳瓦罗的实验恰恰证实了这一点。正是因为每个人都有个人的领域意识，所以在沟通中就容不得他人随意地侵入。因此，我们要想和别人展开一场愉快的沟通，就不得不注意将沟通控制在对方允许的空间限度内。

那么，我们应该如何在沟通中与他人保持适当的距离呢？以下是破案专家在沟通时会遵循的空间距离原则，而这些距离的理论基础来自有“空间关系学之父”美誉的美国著名人类学家爱德华·霍尔。

1. 亲密距离

所谓亲密距离，指的是我们与亲人、爱人、密友在沟通时可以保持的距离，这个距离一般不超过 45 厘米，其中又可分为近位亲密距离和远位亲密距离这两种类型。

（1）近位亲密距离。

近位亲密距离的范围为 0 ~ 15 厘米，它是人们在沟通时可能采用的最小间隔。在这个距离之内，人们可以进行更多的身体接触，如爱人之间的爱抚、亲人之间的抚慰、朋友之间的促膝谈心等。这种近位沟通能够让交流的氛围变得更加温馨、愉快，而沟通双方之间的关系也会变得更加紧密。当然，如果彼此之间的关系并没有如此亲密，贸然进行这种近位接触就是一种很不礼貌的行为，会引起沟通对象的强烈反感，很有可能让沟通无法顺利进行下去。

（2）远位亲密距离。

远位亲密距离的范围为 16 ~ 45 厘米，在这个距离内，沟通双方之间的身体接触虽然会少一些，但彼此之间仍然可以呼吸相闻、眼神相接，沟通的氛围同样是比较亲近、友好的。在这个距离内，人们可以畅所欲言地谈论一些私事，在沟通方面也不会感觉到太多障碍。同样，这样的距离也只适合关系密切的人在沟通时采用，关系一般的人采用这种距离就可能会让对方感觉受到了冒犯。

2. 个人距离

个人距离比起亲密距离要更有分寸感，它也可以分为近位个人距离和远位个人距离。

（1）近位个人距离。

近位个人距离的范围为 46 ~ 80 厘米，在这个空间距离内，双方能够进行握手之类的礼貌性接触，便于进行友好的交谈，但又不会让对方感觉到压力。这个距离比较适合在非正式的社交场合中采用，例如，与平时比较熟悉的同事、熟人沟通时，建议采用这种距离。

（2）远位个人距离。

远位个人距离的范围为81厘米~1.2米，以这个距离进行沟通，双方会感觉到更加自由、舒适，便于进行开诚布公的交流。

3. 社交距离

社交距离指的是在平时工作、社交等较为正式的场合，与关系一般的同事、上级、客人等沟通时采用的距离。它的近位范围为1.2米到2米，比较适合在社交聚会、日常工作中采用，在这个距离内，人们可以互打招呼，同时也各不干扰；远位社交距离的范围则为2米到3.7米，适用于非常正式的谈话场合，像破案专家在讯问嫌疑人时，往往就会采用这种距离。讯问时，他们还会在自己和对方之间摆放一张宽阔的办公桌，以增强自己的威严感，同时也会让谈话氛围变得非常严肃，迫使对方不得不端正态度，认真地回答破案专家提出的各种问题。

4. 公共距离

公共距离是人们在公众场合沟通时会采取的距离，其近位距离为3.7米到7.6米，而7.6米以外则属于远位距离。这个距离对于关系完全陌生的人进行沟通时非常适用，既能保证沟通的双方可以互相听清、看清，也不会造成彼此空间领域的互相侵犯。不过也因为双方之间发生的互动较少，所以会影响到沟通的质量和效果。因此想要实现有效的沟通，还是要尽量采用前几种空间距离。

需要提醒的是，沟通时采用的空间距离也并非一成不变，破案专家在与来自世界各地、各行各业的人士打交道的时候发现，不同国家、不同民族、不同文化背景的人对于空间距离的理解不尽相同。

比如，在拥挤的电梯内，里面的人员彼此陌生，那么东方人通常更能够忍受身体与身体之间的接触。他们虽然也会觉得不太舒服，但很少会出声抱怨；而很多西方人却会把嫌恶的感觉表现得非常明显，他们可能会直接开口表达自己的不满。类似这种情况，其实是深受各自不同的文化影响而造成的，东方人往往有着传统的和谐观点，对于不舒适环境的“耐受力”要强一些，而西方人则普遍注重个人的自由和隐私，对于空间距离受到侵犯的问题就会表现得格外重视。

由此可见，在日常的沟通中，我们除了要熟知一些通用的社交距离之外，还得了解不同国度人们的习惯社交距离，在具体的场合中灵活地加以利用，这样才不会闹出笑话来。

安排座位，影响沟通气氛

在沟通时座位的安排看似无关紧要的小问题，但是破案专家在做沟通准备的工作时却会对其非常重视。这是因为座位如果能够得到巧妙的安排，一方面，能够对营造良好沟通氛围有所帮助，有助于说服对方，促进共识的达成；另一方面，出人意料的座位安排还会让对手感到很不适应，有可能打乱他们的阵脚，从而可以让自己在沟通中掌握更多优势。

对此，破案专家凯蒂·格林这样说道："我们在沟通前，对于座位的朝向、宾主座位的安排、落座的次序等都应当精心布置，这样我们才有可能获得更加理想的沟通效果。"

凯蒂·格林曾经用发生在自己身上的一个小故事来说明这个问题。

一天，格林和自己的先生以及一位女性好友一起到一家高级餐厅就餐。当时正是就餐高峰时段，餐厅里人很多。他们不得不耐心等待了半个小时，才等到了空桌。这时，格林的女友急急忙忙地走了过去，她在一把椅子上坐下，同时示意格林坐在自己的身旁，而格林的先生则可以坐在格林的对面。

格林对于这样的安排显然并不满意，她笑着对女友说："我还是坐到你对面好了。”女友感到非常奇怪：“我已经很久没有见到你了，你不想和我靠得近一些吗？”

见女友态度坚决，格林也没有多说什么，就在女友身旁的椅子上坐下，她的先生对座位的安排倒是没有什么异议，于是三人在愉快的气氛中开始了谈话。

可是没过多久，女友就感觉有些不舒服了，因为她有很多话题想要与格林交流，可因为格林坐在自己旁边，所以她不得不经常扭头说话。而当格林答话的时候，为了看清格林的反应，她又不得不继续保持扭头的动作，这让她感觉非常别扭。当然，坐在她旁边的格林也有同样的感受。

女友这时候才明白格林之前为什么会要求坐在对面，她佩服地说：“你是怎么知道我们怎么坐才最合适的呢？”格林微微一笑道：“这很简单，因为我很久以前就接受过这方面的训练，在安排座位时会考虑到性别的特点。”

女友不禁好奇地问：“座位和性别有什么关系呢？”格林耐心地告诉她：“专家通过研究发现，在安排座位的时候女性更适合面对面相对的座位安排。因为女性之间的交流比男性要频繁一些，面对面交流更加便于彼此之间传递和接收信息。当我们能够看清对方脸上的每一个细微的表情时，这样的交流对于女性来说才会是有趣和高效的。”

女友又接着问道：“那男性呢，他们在座位安排上也有讲究吗？”格林点头笑道：“确实如此。男性的情况和女性正好相反，他们大多不喜欢被人从正面盯着看，那会让他们有一种强烈的压迫感，所以两个男性并排而坐常常会比对坐更让他们感觉舒服。”

听完格林的讲解后，女友恍然大悟，也对沟通中座位的安排更加重视了。

从这个案例中，就可以看出座位安排对沟通质量的重要性。在现代各种商务沟通以及日常生活的沟通交流中，我们不妨向破案专家学习一些技巧和方法，从而能够巧妙地安排座位，为顺利沟通做好准备。

1. 根据沟通对象的地位高低合理安排座位

在安排座位时应当考虑到沟通对象的身份高低，使得座位能够符合对方的地位、影响力，不会因为座位安排不妥而引起对方的不快，导致沟通难以为继。一般按照国际惯例，座位以右方为尊，同时座位居中者身份要高于两边。而在一些参与人数较多的正式场合，身份较高者的座位应安排在前排、距离房门较远的地方。

另外，在乘坐轿车时，座位安排也要注意符合身份。一般在轿车上，后排右位为身份最高者的座位，其次是后排左位，最后才是前排的座位。比如，破案专家如果需要执行一些保护任务，往往都会让被保护的官员、名人等坐在后方，而自己则坐在前排的副驾驶位。

2. 用技巧性的座位安排提升己方的气势

对于破案专家来说，他们还要在沟通中应对像讯问这样的情境，因此他们会需要通过技巧性的座位安排来提升气势。比如，他们常常会将嫌疑人安排在背靠墙壁或有屏障的座位上，这样可以让嫌疑人产生一些安全感，会让他们处于自以为轻松、安适的状态，从而会逐渐放松警惕，在不知不觉中吐露更多信息。相反，如果嫌疑人背后的环境比较空旷，甚至有人来回走动，他们就会提高警惕，还可能处于高度戒备的状态。在这种情况下进行讯问，就可能很难让嫌疑人主动开口说真话。

另外，破案专家还可能将嫌疑人的座位安排得较低，使得他们不得不挺直腰身讲话，这会让他们感觉不适、紧张，而破案专家的座位较高，这样有利于“俯瞰”嫌疑人，尽显自己的威严和气势。

3. 在座位不利的情况下巧妙化解劣势

破案专家总是会面对各种复杂的沟通情境，有时他们可能会“客场作战”，而如果沟通对象又深谙一些安排座位的技巧的话，那么破案专家就难免会遇到一些座位不利的情况了。不过对于身经百战的破案专家来说，想要化解这样的问题也很简单。比如，一位破案专家来到一位企业家的办公室搜集情报，结果被安排到了较低的座位，而且企业家还安排员工故意搬来了一把简陋的座椅，对于这种明显的座位劣势，这名破案专家直接表示了拒绝，并“圆滑地”说明自己不是不愿意坐，而是因为有脊柱不适这样的健康原因，不能坐太低的座位，企业家对这样的理由无可奈何。

不过，有时座位劣势一开始可能并不明显，常常是在沟通中才会逐渐让人感觉很不舒服，这时为了化解劣势，我们不妨学习破案专家的一个妙招——自然而然地一边说话一边站起来走动，这样既摆脱了不利座位的影响，也能够吸引沟通对象的注意力，使我们提出的问题能够更加受到重视。

搜集情报，摸清对方底细

在与他人沟通之前，如果能够摸清对方的底细，了解对方的需求，掌握对方的优势和劣势，那么我们在沟通时无疑能够占据更加有利的地位，也更能够引导沟通向着有利的方向发展。为此，资深谈判专家托马斯·罗德里格斯指出："我们在沟通之前，应当尽可能地获取对方的信息和情报，而且这种信息应当越多越好。当然，这不仅需要一双敏锐的善于观察的眼睛，更需要我们多方地去调查和打听，这样才能获得更多的有利信息，也可以为良好的沟通奠定基础。"

罗德里格斯曾经参与过一起绑架人质案件的危机谈判工作。

1998 年，一伙武装分子占领了俄亥俄州首府哥伦布的一所教堂，控制了 80 多名人质。他们自称是某恐怖组织成员，在警方与他们沟通后，他们说出了自己的诉求：要求警方释放关押在俄亥俄州监狱的几名"兄弟"，并且提供 100 万美元及足够的交通工具供他们安全离开此地。

罗德里格斯受命前去与恐怖分子谈判，为了确保沟通顺利，他非常审慎地调查了大量资料，了解了恐怖分子的头目——拉扎尔的一些情况。罗德里格斯发现拉扎尔是当地某帮派组织的头目，可是当地其他帮派组织却不承认他的地位，还对他进行各种打击。所以罗德里格斯猜测拉扎尔是想通过策划此次恐怖事件来提升自己的威信，扩充自己的势力。

带着这样的想法，罗德里格斯胸有成竹地来到了现场，他首先诚恳地表示了自己对拉扎尔的尊重，夸奖了他的魄力和行动力，充分满足了拉扎尔强烈的自尊心。在赢得了拉扎尔的好感后，罗德里格斯开始对他进行说服工作，他对拉扎尔说："我明白你想要独当一面的雄心壮志，但或许你应该用解决危机来证明自己的能力，而不是试图制造更多危机。"罗德里格斯的话引起了拉扎尔的深思。

罗德里格斯又想办法说服了本地的其他帮派组织代表，让他们派专人前来参加谈判，并表示从现在开始承认拉扎尔的地位和角色，这种从未有过的受重视的感觉让拉扎尔十分满意。最后，在扣留人质3天后，他同意释放全部人质，并接受了警方的传讯。几个月后，拉扎尔因多项罪名成立，被判处终身监禁。

在这个案例中，我们可以看到，如果不是因为罗德里格斯在沟通前搜集到了重要的情报，那么在与恐怖分子沟通时就无论如何也不可能如此轻易地命中目标，并最终成功地解决了一场危机。由此可见，在沟通前我们切勿轻视搜集资料的准备工作，这会对我们占据沟通主动权、提升沟通质量产生很多积极的作用。

具体来看，在为沟通做准备时，我们需要注意搜集以下几方面与对方有关的信息。

1. 沟通对象的基本情况

沟通对象有时可能是一个人，也有可能是两人甚至多人。无论要面对什么样的沟通对象，我们都应当像罗德里格斯那样，在沟通前下功夫了解沟通对象的职务、分工、权限等工作信息以及性别、年龄、家庭情况、兴趣爱好、个人经历、人际关系等个性化信息，以便分析出最适合采用的沟通方式和技巧，以推动沟通的顺利进行。

2. 沟通对象所在机构或团体的情况

如果沟通对象是代表某机构、团体来与我们进行交流，我们就还要了解其所在的机构或团体的基本情况。比如，破案专家在处理一些经济案件，需要与某些企业的高层、中层管理人员沟通之前，会事先了解对方所在企业的一些基本情况，包括企业的性质、主营业务、注册资金、财务状况、负债率、信誉等。了解这些信息，更有助于他们弄清楚对方的主张和追求的目标，从而可以制定自己的沟通策略，这样在沟通过程中就可以做到从容不迫、有的放矢，也可以更好地引导对方思路，获得更多有价值的信息。

3. 沟通对象的主要诉求

在沟通前我们还应当根据自己搜集到的资料和情报，争取准确地分析出对方的主要动机、诉求，这常常可以使看似陷入僵局的沟通局面变得豁然开朗。而这需要我们透过纷繁复杂的现象，去直击对方最关心的本质问题。比如，在本节案例中，谈判专家就绕开了恐怖分子声称的释放罪犯、获取现金和交通工具之类的表面诉求，通过调查其身份和经历找到对方真正的诉求是想要“证明自己”，从而能够采取更加有效的办法解决危机。

当然，沟通前需要搜集的情报和信息还有很多方面，我们在搜集时一定要注意从尽可能多的来源全面地采纳信息，以免因为偏听偏信而造成错误的认知。另外，我们在搜集到有价值的信息之后，一定要从客观的角度去进行分析，切不可因个人情绪妄下结论，以至于影响判断，结果反而对沟通造成不利影响。

第二章 破除障碍，打开沟通之门

伸出双手，释放友好信号

在日常沟通中，见面的时候主动握手是一种简单常见的礼节。通过手与手之间的触碰，我们可以向对方释放友好的信号，也可以让对方减少一些戒备心理，有助于沟通的顺利进行。对此，行为科学专家罗伯特·雷斯勒这样说道："握手能够彰显我们真诚与友善的态度，有助于消除沟通中的障碍，拉近与对方之间的情感距离。"因此，破案专家在与沟通对象会面时，总是会主动地伸出双手，然后通过与对方握手顺利地开始沟通的第一步。

有一次，破案专家杰德·史密斯准备与一家科技公司的高管见面，他们事先约好在午休的时候到中央公园面谈。

史密斯正在调查一桩与该公司有关的经济案件，这位高管虽然不是嫌疑人，但可能会提供一些有价值的信息。史密斯考虑到对方在公司可能很难开口，所以特别选择了较为轻松的场合进行沟通。没想到对方一看见他，还是显得十分紧张、拘束。

为了让对方感觉轻松一些，史密斯主动迎上前去，热情地伸出右手，准备与对方握手，同时还用亲切的语气说道："我叫史密斯，我们今天上午在电话里通过话，非常高兴和你见面。"

对方犹豫了一下，也慢慢地伸出了手，不过在碰到史密斯的手之前，他又将手收回，在自己的裤子上抹了几下，这才去握史密斯的手。史密斯感觉到他的双手仍然是湿漉漉的，便用开玩笑的语气说道："看来你很紧张啊，出了这么多汗。"对方也不好意思地笑起来，气氛一下子变得轻松多了。

在握手的时候，对方感觉到史密斯的手干燥而温暖，而且握手的力度适中，既不会太用力而让人感觉不舒服，也不会显得轻飘无力，这让对方不知不觉对史密斯产生了不少好感。之后，他们在公园的长椅上坐下，开始了亲切友好的沟通，而史密斯也成功地从对方那里获得了一些有价值的信息。

通过这个案例，我们可以看出握手在沟通中确实能够发挥非常重要的作用，特别是在与陌生人沟通或出席一些比较重要的场合时，能够主动伸出双手，就意味着我们可以在沟通中赢得更多的主动权。

那么，当我们准备向他人伸出手的时候，需要注意哪些细节呢？对此，我们可以参考破案专家的一些做法。

1. 在握手时考虑沟通对象的特点

在沟通时，我们首先要根据沟通对象的特点来决定是否需要握手以及何时伸手最为合适。比如，男性遇到了年轻的女性，又或者我们遇到外国友人，出于尊重的考虑就最好不要主动伸手，以免让对方感觉受到了冒犯。另外，如果是与年长者、上级进行沟通，如果对方并没有打算握手的意图，我们也不应该贸然伸手，而是应该根据对方的反应，用微笑、点头致意等礼仪来代替握手。但若是对方主动伸出了手，我们就应该及时回应，给予对方热情的回握，同时身体微微前倾，表现出自己积极的态度。

此外，我们不能因为对方的身份、地位不同而对其区别对待，而是应该一视同仁。假如对方是一个身份、地位比较普通的人，在其向我们伸手时，我们不能摆出高傲的样子，故意不与其握手；假如对方是一个位高权重的人，我们在握手时要表现得从容、自然，不能谄媚地紧紧握着对方的手不放。

2. 在握手时注意基本的礼仪

握手时应当伸出自己的右手，这是约定俗成的习惯，有时为了表示热情，也可以伸出双手与对方相握。而在与他人握手的时候，我们应当用双眼注视着对方的面部，同时面带笑容，使对方有一种如沐春风的感觉，这会对之后彼此之间顺利沟通提供不少帮助。除此之外，我们在握手时要集中注意力，千万不要一边握手一边心不在焉地看向别处，那会让对方感觉受到了轻视。

另外，破案专家在握手时还会礼貌地摘掉手套，如果佩戴了礼帽的话也会注意先摘掉礼帽再握手，这样也会让对方有一种受到了重视的感觉。此外，对于一些患有多汗症的人来说，为了避免让对方摸到又冷又黏的手而感到不适，最好在与他人握手之前，先用纸巾、手帕将手掌擦拭干净，以免在握手时给对方留下不好的印象。

3. 在握手时注意力度和时长

握手并不是力气越大、握得越紧越好，如果过于用力难免会让对方感觉疼痛，这样就会让对方心生反感；当然，握手时也不能过于轻飘无力，犹如蜻蜓点水一般轻轻一碰就放开的握手会让对方感觉不到我们的诚意。所以握手时要注意力度适当，为了掌握这种力度，破案专家会在私下场合邀请同事、家人配合训练，使自己能够掌握最佳的握手力度。

在握手的时长方面，我们要根据对象区别对待。破案专家在这方面的建议是：如果和关系亲密的沟通对象握手，时间可以略长一些，并可以一边握手一边寒暄，以拉近彼此之间的关系；而要与关系一般或完全陌生的沟通对象握手，则要避免长时间握着不放，以免让对方产生反感，所以可以握手2～5秒后就放开。此外，男性与年轻女性握手时，时长更要短一些，并最好只轻轻握住女性的手指部位，这样更能彰显自己的绅士风度。

需要提醒的是，在一些公众场合，如果需要和多名对象握手，我们还要注意把握好正确的顺序。一般应当先和长辈、职位高者握手，然后再和平辈、职位低者握手。如果这些沟通对象之间年龄、身份的差别不大，则可以采取从右至左的顺序逐一与他们握手。

精彩开场，避免陷入尴尬

俗话说，“万事开头难”，对于沟通来说，这个道理同样适用。有的时候，沟通的双方会因为不知如何开口，而使气氛陷入尴尬。所以掌握开场的技巧对于顺利沟通来说是非常重要的，著名的心理学专家、犯罪侧写专家约翰·道格拉斯就这样说道：“我们要注意在沟通的第一时间，用精彩的开场白消除对方的戒心，拉近双方的距离，推动沟通的顺利进行。”

道格拉斯曾经用下面这个案例来说明这个问题。

有一次，道格拉斯和一位同事一起到一个证人家里进行调查。见面后，他们热情地向那位证人问好，可是证人却一言不发，表现得非常冷淡。

同事在道格拉斯耳边小声说道：“他这么不配合，我看我们今天恐怕要无功而返了。”道格拉斯却摇摇头，微笑着对证人说：“很抱歉，我们不该在您手臂不舒服的时候前来，给您添麻烦了。”

证人听到这句话后，惊讶地睁大了眼睛，看着道格拉斯说：“你怎么知道我的手臂不舒服？”道格拉斯叹了口气道：“我看到您开门的时候手臂抬起很是费力，再加上今天天气不好，就冒昧地猜测您可能患有风湿病，而我自己恰好也有这种问题，一到阴雨天的时候手臂就疼得要命。”

证人听完连连点头："你猜得很对，这种病真是太让人痛苦了。"接下来，两人就这个问题攀谈了起来，证人饶有兴趣地问道格拉斯平时吃什么药，接受过什么治疗，在道格拉斯回答之后，证人还和他做了一番探讨。

没过多久，证人就和道格拉斯成了朋友，对于他提出的与案件有关的问题，证人自然毫无保留地直言相告，提供了不少帮助。在道格拉斯和同事离开的时候，证人还留下了他的名片，期望以后可以经常联系。

在这个案例中，道格拉斯通过巧妙的观察发现了证人身体的不适之处，然后以此作为突破口，设计了精彩的开场白，一下子吸引了证人的注意。之后他又通过制造"同病相怜"的感觉赢得了证人的好感，使证人愿意继续沟通下去，并提供了很多富有价值的信息。

由此可见，在沟通伊始设计一个精彩的开场白是多么重要，因为它不仅能够引起沟通对象对我们的重视，而且还能让他们对我们所说的话题产生强烈的兴趣。有时一个引人入胜的开场白，可以让一次沟通达到事半功倍的效果。而那些堪称沟通高手的破案专家就更是善于利用开场白缓解证人、嫌疑人的紧张，消除他们的警惕心理和反抗情绪，使他们能够在放松的情况下愿意谈论更多，透露更多。

那么，破案专家在设计沟通开场白时会采用哪些方法呢？

1. 以闲话寒暄开场

寒暄就是正式沟通前的问候应酬话、场面话等，它看上去可有可无，但却能够带来积极、轻松的良好沟通氛围，可以让沟通产生事半功倍的效果。所以很多破案专家在谈话开始时一般都不会马上提及自己的目的和来意，而是会利用巧妙的寒暄作为开场白，以消除对方的戒心，拉近双方之间的距离，使对方更愿意认真倾听自己提出的问题。

不过这种寒暄也应当掌握尺度，只要做到打开沟通的局面，让对方产生一些亲切感就足够了，不宜进行长时间的寒暄，更不宜在一些与沟通主题无关的琐碎话题上长时间纠缠，否则就会影响关键话题的正常展开。因此，破案专家还主张要从寒暄中找到“言归正传”的契机，这样才能让沟通可以顺利地进行下去。

2. 以“攀亲道故”开场

破案专家在与陌生人沟通时，还常常会使用“攀亲道故”式的开场白，也就是在和对方见面时，会很自然地这样说：“你好，我是 ×× 的朋友，是 ×× 介绍我来找你问些情况的。”

在这里，破案专家提到的人可能是沟通对象的亲人、好友等，通过介绍这层关系，就会让沟通对象感觉非常亲切，往往一下子就能缩短心理距离，并可能会消除不少戒备心理。而当破案专家再向沟通对象提出一些问题的时候，他们也大多愿意进行开诚布公的交谈，而不会故意抵触或刻意隐瞒。

3. 以自我介绍开场

良好的沟通还可以从有技巧的自我介绍开始。但遗憾的是，很多人在做自我介绍的时候，往往过于简单也缺乏技巧，很难给对方留下深刻印象，也不利于打开沟通的局面。而破案专家在自我介绍时往往会采用这样的句式：“我叫吉尔·萨莫拉，是一个人像画师，从 1995 年至今一直在为 FBI 工作。”在这样的自我介绍中，破案专家透露了自己的姓名、职业、工作年限，既清楚明白又能让对方产生不少信赖的心理，而且还能够引起对方的交谈兴趣。

比如，有的沟通对象在听到上述这种自我介绍后，就可能会非常自然地问道："请问'人像画师'具体是做什么工作的呢？"然后双方就可以由此进行简单的探讨，沟通氛围也会变得更加轻松、和谐。

4. 以讲故事开场

破案专家有时还会用一个故事作为自己沟通时的开场白，当然，这样的故事不是随意讲起的，而是应当与要沟通的问题有某种联系。比如，一位破案专家在讯问一名嫌疑人时，发现对方有些心不在焉。于是破案专家就简单讲了几句一个以前遇到的案例，这个案例与当前的案情比较相似，而且有一定的社会影响力。结果这样的开场白一下子就吸引了嫌疑人的注意力，他竖起耳朵留心地聆听破案专家所说的每一句话，并开始认真思考自己的处境。之后破案专家再与他沟通的时候，他的态度就有了明显的改变，不再吊儿郎当，而是将自己所知道的事情都讲了出来，使得案情也获得了一定进展。

需要提醒的是，在沟通伊始说开场白的时候，我们还要注意用语应当文雅、得体，不能让对方产生"不庄重""粗俗"的感觉。破案专家还提醒我们：哪怕之前已经与沟通对象打过多次交道，对对方比较熟悉，也应当注意沟通的礼貌，不要在说开场白时表现得令人反感，否则很有可能让自己在对方心目中的形象大打折扣，沟通的效果也会受到影响，所以应当坚决避免。

找对话题，引起对方谈兴

在简单而不失亲切感的开场白之后，我们需要通过制造话题来与对方一起进入正式沟通环节。在这方面，很多破案专家都有自己的一些见解，而沟通专家劳拉·艾米勒从自己多年在工作中积累的经验出发，指出沟通时最好先从对方可能会感兴趣的话题出发，让对方愿意谈下去，这样就能够控制好沟通氛围，可以为沟通取得成功打下良好的基础。

劳拉·艾米勒还指出，这种适合用于沟通的话题也可以叫作“中性话题”，它与正式话题有别，听上去比较轻松，又具有明显的非业务性，这种话题常常能够引起双方共鸣，从而可以达到破除沟通障碍的目的。

在下面这个案例中，一位破案专家就通过一个让对方感兴趣的话题，引发了对方的谈兴，使得沟通进行得更加顺利。

一天，一位破案专家来到密歇根州底特律市的一家家具公司，他提前预约了要和这家公司的董事长见面。可是那位董事长对这次会面不感兴趣，他不是低头看文件，就是不停地接电话，即使在破案专家进行了自我介绍之后，董事长也只是敷衍地“嗯”了一声，让破案专家不禁有些沮丧。

破案专家无聊地打量起了这间巨大的办公室，突然，他灵机一动，对那位董事长说道：“您的办公室装修得真是气派，我去过不少大公司，还真是很少见到这么讲究的设计。”听到他的这句话后，董事长眼睛一亮，马上回答他道：“你可真有眼光，这间办公室是我亲手设计的，为此我花费了整整一年的时间呢。”

破案专家马上意识到自己找对了话题，便顺势接着说了下去：“我看这地板用的是英国橡木，对不对？普通的橡木地板可不是这种质地！”

“没错！”那位董事长兴奋地从座椅上站了起来，走过来热情地介绍道，“这可是我的一个英国朋友专门帮我带来的材料，你看这原木纹理，多么柔和大气。我还让工人在上面刷了德国产的油漆，为了保证地板的耐磨性，仅仅上漆就用了 17 道工序……”

董事长一改之前不配合的态度，侃侃而谈，而破案专家在这方面恰巧也有不少经验，于是两人从地板装修谈起，越谈越融洽，越谈越投机。最后，当破案专家适时地提出一些与自己经办的案件有关的问题时，董事长也没有避讳，而是积极地配合，使得沟通进行得非常顺利。

这个案例中的破案专家就是通过一个以“装修”为主题的中性话题引起了沟通对象的谈兴，这样的话题可以让冰冷的沟通气氛变得友好、愉快，也能够减少沟通对象的心理压力，使双方能够在平等、合作的氛围中逐渐进入正式的沟通。

至于中性话题的选择则没有定规，我们可以参考这位破案专家的做法，也可以根据特定的沟通对象、沟通环境等来寻找更多有趣的话题。一般来说，在沟通时可以使用的中性话题有以下几种：

1. 与沟通对象有关的话题

我们可以从沟通对象的相关情况入手来寻找话题，如对方的职位、工作情况等都可以成为话题的引入点，而这种话题可以在双方说完开场白和互递名片之后进行。比如，一位破案专家在接到对方的名片后，就做出惊喜的样子说："不过半年没见，您又升职了。"然后双方就"升职"话题攀谈了起来，沟通气氛也变得非常融洽、和谐。

2. 与沟通环境有关的话题

在沟通环境中也能找到一些让对方感兴趣的话题，如我们可以从对方安排的接待室、会议室入手，引出一些关于"办公区布置"之类的话题，这些话题因为对方十分熟悉，所以也能轻松展开，可以让紧张的沟通气氛得到一定的缓解。

3. 与双方都熟识的第三方有关的话题

如果我们与对方是初次见面，对对方的情况很不熟悉，一时找不到合适的话题，那么我们也可以寻找双方都认识的第三方来作为话题。比如，双方虽然彼此陌生，但都认识某个人，那么就可以讲一讲这个人身上发生的一些小故事，然后以此为话题展开沟通，就能让对方打开话匣子，沟通也能避免冷场。

4. 与双方过去合作关系有关的话题

如果我们是与过去有过合作关系的对象进行沟通，那么也可以从"回顾合作经历"入手与对方攀谈。特别是过去合作比较愉快的一些事宜，就可以成为很好的话题，它会让对方对我们的信任感大大提升，这对于之后的沟通来说显然也是非常有利的。

除此以外，我们还可以选择一些对方可能感兴趣的事情作为沟通话题，如对方的业余爱好、业内最近发生的一些热点新闻、与对方所在公司或团体有关的正面消息等，这些话题都能够激发对方的谈兴，也可以有效避免沟通冷场。不过这也需要我们在沟通前精心准备一些有用的资料，这样就更容易找到最佳的沟通话题了。

另外，破案专家还提醒我们要学会巧妙地承接话题。在沟通中，如果对方提出了一个内容健康、有趣的话题，希望与我们攀谈，我们也不必表现得过于矜持，可以以友好的态度与对方进行沟通，再想办法顺利过渡到沟通主题。

赢取信任，有效消除戒心

是否能够赢得沟通对象的信任，对沟通能否顺利进行有着至关重要的影响。对于这一点，谈判专家加里·内斯纳有自己独到的见解，他曾经这样讲道："取得对方的信任，可以让对方变得更加积极主动，并能够有效消除对方的戒心，有助于双方迅速达成共识。因此在沟通伊始，我们首先应当想办法获得对方的信任和好感。"

作为一名有30多年工作经验的破案专家，内斯纳每天都要和各种各样的人打交道，并曾经多次参加危机谈判，也因此积累了很多获取信任的经验。在他身上，曾经发生过这样一个真实案例：

那是在1999年冬季的一天夜晚，内斯纳突然接到上级打来的电话，要求他立刻到纽约某区的一幢大厦执行任务。

等到内斯纳赶到现场，才得知有3名武装分子闯入了该大厦，并挟持了至少20名人质。考虑到人质的安全，有关部门不得不十分谨慎地安排作战计划。尽管特种武器和战术组都已经做好了部署，狙击手也在附近的屋顶就位，但上级领导还是希望能够和平解决此事。所以经验丰富的内斯纳被紧急征召归队，负责这次与武装分子谈判的任务。

内斯纳首先通过无线电与武装分子简单沟通了几句，发现他们戒备心理极强，而且情绪比较冲动，内斯纳担心他们会做出不明智的选择，便决心进入大厦，与他们近距离沟通，在获取他们的信任后想办法说服他们释放人质、缴械投降。

于是内斯纳用非常诚恳的语气对武装分子说："我现在准备进入大厦与你们交流，我将不携带任何武器，高举双手，自己一个人慢慢走进来，希望你们能够明白我的诚意，给我这个与你们沟通的机会。"当时在场的人员都对内斯纳的这个决定感到担忧，他们认为这样做不合规定，但内斯纳将生死置之度外的勇气也确实让武装分子佩服，他们允许内斯纳进入，并同意隔着一间办公室的门和他对话。

内斯纳使出了浑身解数，花费了 6 个小时的时间与这些武装分子沟通。一开始他采取了随机提问的办法，然后根据武装分子的反应及时调整。为了与武装分子拉近距离，他还和他们谈了些关于家人的话，最初内斯纳说话时武装分子还爱搭不理，可慢慢地，他们被内斯纳的诚恳打动了，因为他确实是从他们的角度在分析利害关系。在他的开导下，这些武装分子打开了办公室的门，与内斯纳面对面沟通，同时他们也开始倾吐自己的心声，而内斯纳则用鼓励的态度引导他们诉说更多。

随着时间的推移，内斯纳彻底取得了这些武装分子的信任，也让他们明白选择主动投降要接受的惩罚并不严重，而负隅顽抗则会导致无可挽回的后果，也会让关心他们的家人、朋友伤透了心。

最后，3 名武装分子都选择了缴械投降，他们举着双手走出了大厦，做好了迎接手铐的准备，而内斯纳也因为成功解决了人质危机而受到了嘉奖。

从这个案例中可以看出，在面对存在戒备心理的沟通对象时，我们一定要阐明自己真诚的态度，让对方能够对我们产生信任，接下来再进行沟通时也要想办法从对方的立场出发，使他们明白我们是来帮助他们解决问题，而不是来制造麻烦的，这样他们就会变不信任为信任，也不会再对我们提出的要求故意抵触了。

这个案例也提醒了我们，在与人沟通时，不能表现得过于谨慎，更不能流露出防备、敌对的意图，而是应当像这位谈判专家一样表现出足够的真诚和信任来，这样才更容易获得对方的接纳和认可。

从某种意义上说，信任可以被称为沟通的基础。那么，在与他人沟通时，我们应当如何与对方建立互相信任的关系呢？

1. 寻找沟通双方的共同点

心理学专家曾经指出：人们总是会对与自己相似的人产生信任感，因此沟通双方如果能够找到这种相似性或者说是共同点，就很容易建立起彼此互信的关系。为此，在与他人沟通时，我们应该想尽办法找到这些共同点。比如，我们与对方有着共同的目标或愿望，需要和对方面对同样的问题等，我们不妨抓住这些共同点做文章，就能够在沟通中建立信任和良好的人际关系。

就像在本节案例中，谈判专家就找到了与武装分子之间的一个共同目标——都希望能够摆脱当前危急的局面，以最小的代价破解难题。所以谈判专家从这方面入手进行沟通，逐渐赢得武装分子的信任，促进危机的成功解决。

2. 了解对方的想法并提出真诚的建议

我们在与他人沟通时，要给予对方足够的耐心。假如他们的戒备心理很强，那就更应当如此，我们可以想办法多说一些让对方感兴趣的话题，使对方愿意发表自己的看法。在对方诉说的时候，我们则应当认真地聆听，并从中分析出对方的真正意图以及一些隐秘的想法等。

在对方倾吐完毕之后，我们可以提出自己的建议。这种建议一定要抓住对方的心理，从对方的角度出发考虑问题，让对方能够马上意识到接受建议会给他们带来好处，或是有可能让他们摆脱困境，那么对方对我们的信任感就会急剧增长，而且最终也很有可能被我们说服，这样沟通的目的也就能够达到。

3. 通过清晰、可靠的言辞赢得信任

在沟通过程中，为了赢得对方的信任，我们还应当注意用语谨慎的问题。为了避免对方误解，我们应当清楚明白地表达己方的意愿，同时还要慎重做出承诺。特别是在无法做出承诺的时候，一定不能信口开河地对对方打包票，这样只会让对方心生怀疑，并减少对我们的信任。

因此，我们一定要避免说出不可靠的许诺，但如果已经对对方做出了许诺，则应当尽量彻底地去实现，这会大大提升我们在对方心目中的形象，如果今后还有与对方沟通的机会，这些便会成为我们的加分项。

巧妙提问，引导对方思路

提问与回答是沟通中必不可少的两个环节。想要破除沟通障碍，促进沟通顺利进行，就要学会巧妙地提问。对此，破案专家约翰·塞弗指出："提问能够帮助我们提升对方沟通的积极性，还能够让我们更好地了解对方的心态和需求，从而可以有效地引导对方，发挥我们的说服力和影响力，顺利达到沟通想要达到的目的。"

在多年工作实践中，塞弗已经形成了自己的一套提问模式，他很擅长用这种模式与沟通对象进行交流，使得对方能够跟着自己的思路作答，并最终提供很多有价值的信息。在下面这个故事中，塞弗就通过提问让一位处于恐慌情绪中的证人恢复了平静，并顺利地进行了沟通。

在芝加哥卢普区的一条繁华大道上，有一家金店被一伙歹徒洗劫。当时，金店中的两名店员，一名遭到枪击，不幸身亡。另一名侥幸逃脱后，由于受到了严重的惊吓，一直处于十分紧张、恐惧的状态，而这位店员齐克就是塞弗的沟通对象。塞弗希望他能够提供一些关于歹徒体貌特征之类的信息，以便进行下一步的调查。

当塞弗在医院见到齐克的时候，发现他仍然没有摆脱恐惧的阴影，他靠坐在病床上，身体在床单下不停颤抖。于是塞弗打算先从一些简单的问题入手，让齐克逐渐平静下来。

塞弗问道："你就是齐克·雅内克？"齐克回答："是的。"

塞弗接着问道："你是法国人？来美国多久了？"

齐克对于这种常规问题并不抵触，便回答道："没错，我是法国人，我在美国待了7年。"

塞弗非常小心地不触碰齐克的"敏感地带"，问道："喜欢美国吗？觉得芝加哥怎么样？"

在这种轻松的问答中，齐克似乎越来越轻松了，开始只是问什么答什么，慢慢地他开始说出自己的一些看法。

塞弗见齐克逐渐恢复了平静，便试探性地问了一句："你喜欢现在的工作吗？"

齐克愣了一下，脸上露出了一些痛苦的神色，但还是回答道："很喜欢，如果那伙人不出现的话。"

塞弗意识到齐克已经做好了心理准备，可以面对那些不堪的回忆了，于是他带着鼓励的表情望着齐克，问出了一个关键性的问题："你能帮我描绘一下那天发生的事情以及那伙人的样子吗？"

齐克陷入了沉默，他的手指紧紧地抓住了床单的一角，似乎脑海中正在进行激烈的思想斗争。塞弗用坚定的语气说道："我知道这很困难，但请相信我，你的努力能帮助我们尽快抓住那伙人！你也不希望还有更多无辜的人受害，对不对？"

齐克深吸了一口气，用力点了点头，他努力说服自己忘记恐惧，勇敢地将那天发生的一切事情原原本本地讲了出来，而塞弗也通过一个个有技巧的提问实现了自己前来沟通的目的。

在这个案例中，我们可以看到，在沟通对象情绪极不稳定，无法进行正常沟通的情况下，塞弗通过巧妙的提问技巧，引导了对方的思维，让对方从看似寻常的一个个问题中逐渐恢复了理智，并最终愿意讲明事情的真相。

由此也可以看出，学会提问对于破除沟通障碍、顺利进行沟通是十分重要的。那么，我们在向沟通对象提问时有哪些需要注意的要点呢？

1. 注意提问的方式

沟通中提问的方式可以有多种，以下是两种最基本的提问方式。

（1）开放式提问

开放式提问就是向对方提出一些答案范围较广的问题，使对方可以自由发挥，给出自己的答案。这种提问形式比较宽松，可以引发对方沟通的兴趣，所以我们在沟通开始时就可以提一些这种问题，如可以问对方："听说你的出生地是××，那里的气候跟这里有什么不同呢？""在××公司工作的那段时间，让你印象最深刻的是什么？"这类开放式问题可以让对方愿意打开话匣子，沟通的气氛也会变得更加和谐。

（2）封闭式提问

与开放式提问相比，封闭式提问对于答案范围的限定要严格得多。也就是说，我们可以给对方一个思考的框架，让对方在有限的几个答案中进行选择。比如，破案专家就经常用"是不是""能不能""对不对""多久""多少"之类的词汇来提问，这就属于封闭式提问，它可以让对方的思路受到一定限制，并可以按照破案专家划定的思路来思考问题。

在具体沟通的时候，我们可以灵活运用这两种提问方式来掌控对话的进程，提升对方的兴趣，处理对方的异议，让对方的思路逐渐被我们影响。

2. 注意提问的目的

在沟通过程中，我们要始终围绕自己的目的来设计各种问题，不要天马行空地胡乱提问，否则会让对方感觉如堕五里雾中，同时我们自己的思路也会被全盘打乱，最终沟通就会变成没有意义的闲聊，根本无法达到我们想要达到的目的。

所以我们在沟通之前最好可以像本节案例中的破案专家塞弗这样，先设计一些问题，并可以设想一下对方的回答，然后挑选一些最有价值的问题，在沟通过程中适时地使用，就更容易实现我们沟通的目的了。

3. 提问要讲究语言艺术

破案专家还提醒我们，在提出问题时应当注意自己的表达方式。如果问题的表述过于复杂，就会让对方感到迷惑，并可能失去聆听的兴趣。所以深谙沟通艺术的破案专家都能做到提问时语言简单明确，让对方一听就懂，并可以激发对方讲述的欲望。

另外，提问时的语言还应具备亲切和蔼的特点，这样对方才会愿意作答。所以即便是平时非常严肃的破案专家，也不会故意使用生硬而咄咄逼人的语言来提问，因为那会让对方产生距离感，反而不利于对方吐露事实真相。

4. 提问要看准时机

在沟通中，提问还要找准恰当的时机，不能过早或过晚。过早提问会打断对方的思路，让对方感觉很不礼貌，也会影响问题的解决；过晚提问则会失去引导对方的最佳机会。所以破案专家在沟通时会注意时时刻刻把握对方的思路，并通过对方的表情、声音、语调等来观察对方的心态，然后及时提出问题，使对方的想法能够跟着破案专家的思路走。

5. 提问要因人而异

破案专家还会注意根据对方的年龄、身份、地位、性格、文化素养等特点来设计不同的问题。比如，对于性格热情直爽者可以单刀直入，直接问出重点和关键的问题；而对于那些性格内向的人则可以进行试探性的提问，逐步获得自己想要得到的答案；对于那些脾气急躁的人，破案专家还会采用迂回的提问方法，以免触怒对方，影响沟通的顺利进行。像这些因人而异的提问方式也是值得我们学习和借鉴的。

总之，在沟通中提问时应当注意技巧，而这需要我们像破案专家一样，不断提升自己的思维能力、表达能力和人际沟通能力。这样久而久之，我们就能在沟通过程中学会从容自若地提问，并能够尽量了解和引导对方的意图，使得沟通可以进行得更加顺利。

第三章

妙语连珠，在沟通中占尽上风

故意出错，套出对方真言

在沟通中，有一种非常有意思的语言技巧，就是“故意出错”，它是在特殊的场合和情境下，面对特殊的沟通对象，故意说错话的一种做法。采用这种做法，往往能够激发某些沟通对象的好胜心，他们常常会迫不及待地开口为我们指出错误，结果就会在不知不觉中泄露一些不愿示人的真实信息。

“故意出错”也是破案专家经常会使用的一种套话技巧。破案专家蒂姆·沃德就这样说过：“如果我发现嫌疑人或犯罪分子在沟通的时候三缄其口或是故意说谎，我就会用故意出错的办法去套出他们的真话。有时我会故意犯一些非常明显的错误，好让他们放松警惕，然后在不经意间说出我想要的线索。”

沃德曾经遇到过这样一个案子：2009 年，有关部门在密歇根州抓捕了一个犯罪分子亚历山大·冈萨雷斯，这个犯罪分子从 2005 年起，连续多次在超市、剧院等公共场合安放自制的炸弹，导致 10 多人受伤，1 人死亡，在社会上造成了非常恶劣的影响。

沃德在审讯时见到了冈萨雷斯，发现他一副满不在乎的表情，似乎对自己犯下的罪行没有任何反省，可以想象的是，如果没有及时将此人逮捕归案，他还有可能制造更多的恐怖袭击事件。不仅如此，他在应付审讯的时候态度也很不配合，只是一口咬定自己没有做过这类事。

沃德为了撬开冈萨雷斯紧闭的嘴，便提前了解了很多与其有关的资料，发现他虽然没有从高等学府毕业的学历，但头脑非常灵活，而且掌握了大量化学、物理、数学方面的知识，在某种程度上也算是一个人才。沃德还发现冈萨雷斯对于数字有一种天生的敏感，而且他还有一种类似于强迫症的数字爱好，如他在每次作案时都会留下属于自己的标记，上面还带着独特的编号。也正是由于这些编号，破案专家才能够确定这些案件的元凶都是一个人。

在掌握了这些信息后，沃德在审问冈萨雷斯的时候就觉得胸有成竹了。他没有直接询问冈萨雷斯作案动机、作案细节方面的问题，而是自顾自地在一面黑板上贴起了照片。这些照片正是爆炸现场的一些画面，沃德似乎想按照案发事件的顺序来排列这些照片，可是他怎么做都做不好。看着他笨手笨脚的样子，冈萨雷斯心中升起了一阵无名之火，他恨不得立刻冲上去把这些照片的顺序排列正确，不过他还是努力按捺住了自己的冲动。

沃德一直排列了十几分钟，最后也没有顺利完成，他索性把照片丢在桌子上，脸上带着泄气的表情，眼睛看着冈萨雷斯，嘴里仿佛不经意地说道："那个教堂爆炸案是第三起案件吧，对对对，一定是这样。还有医院的那起案子是第四起，没错，我记得很清楚……"

其实沃德故意把所有照片的顺序都排错了，而在他所说的话中，案件发生的顺序也全都对不上号，这不禁让天生对数字敏感的冈萨雷斯气得脸色铁青。他一边听沃德的"错话"，一边把牙齿咬得"咯咯"响，脸上的表情都变得扭曲了，好像很想好好地把“愚蠢的”沃德暴揍一顿。

终于，冈萨雷斯再也坐不住了，他从椅子上跳起来，大声喊道：“你真是个笨蛋！废物！连个顺序都排不好，我告诉你，医院那起案子是第五起，教堂爆炸案才是第四起，那可是我的得意之作……”

这句话刚刚脱口而出，冈萨雷斯就后悔了，他想要捂住嘴巴，可是已经来不及了。只见沃德用嘲讽的目光望着他，微笑道：“你说得没错，我要感谢你的配合。我要提醒你的是，医院的炸弹因为被我们及时秘密排除了，所以没有引起任何乱子，除作案者本人和我们外，几乎没有人知道这起案子，可你却对这些案件的顺序如此了解，你能告诉我原因是什么吗？”

听完沃德的话后，冈萨雷斯无力地跌坐回椅子上，他不得不承认，虽然自己是个高智商的犯罪分子，但是论起沟通方面的技巧来，他比起沃德还差得很远。

在沟通中如果采用直接、连续的追问等办法，得不到需要的结果的时候，我们就可以采用案例中沃德使用的这种办法，用故意说错话来套取对方的真话。对于那些性格比较自负的沟通对象来说，如果他们意识到别人在自己面前犯下了一些“低级错误”，他们就会非常渴望能够立刻纠正，以此来显示自己的渊博多识，而“故意出错”的套话技巧也正是建立在这种心理特点之上。

那么，我们在沟通中该如何应用这种套话的技巧呢？以下介绍破案专家常用的两种办法供大家参考：

1. 故意说出违反客观事实的话语

在与对方沟通时，如果直截了当无法达到效果，我们就可以尝试“故意出错”的办法，假意说一些明显与客观事实不符合的话语，对方就会在冲动之下对我们的话语进行纠正。往往在这种情况下，对方就可能暴露出一些想要隐瞒的信息。

比如，在本节案例中，沃德所说的关于照片顺序的话语就与客观事实明显不符，犯罪分子又恰恰对此十分敏感，因此就不由自主地予以纠正，结果直接暴露了自己的犯罪事实。又如，一位破案专家在套一位证人的话时，故意将相关金额从 20 万美元说错成 10 万美元，使得证人不得不出言纠正，结果说出了更多信息。

2. 故意说出违反正常逻辑的话语

除违背事实外，明显违反逻辑的话语也会激发对方反驳或纠正的冲动，让对方不知不觉说出很多我们需要的信息。比如，一位破案专家在向一名证人取证时，证人的态度很不积极，常常三缄其口。破案专家在无奈之下，只好故意说了这样一句话：“看来杰森确实没有嫌疑，因为他喜欢穿白色的衣服，性格也很温和，说话轻声细语，一看就是老实人。”这句话中存在明显的逻辑谬误，后半句的“原因”无法直接证明前半句的“结果”，所以证人一听马上说：“穿白衣服、性格温和跟会不会犯罪有什么关系？据我所知，杰森可不像你说的那么简单……”这样一来，破案专家就用故意违反正常逻辑的话语破解了沟通的难题，让证人愿意主动说出很多有价值的信息。

需要提醒的是，“故意出错”这种技巧只能在特定场合面对特定对象使用，要让对方一听就能产生纠正的冲动，这才算是将技巧用到了点子上。否则，对于某些对这类错误不是很敏感的对象使用，对方可能会不为所动，而我们也就只能白费力气了。所以，我们要选择那些性格傲慢自负，遇事追求完美，比较在意语言细节的对象使用“故意出错”技巧，才能达到最佳效果。

提示引导，影响对方思路

在与他人沟通时，如果发现对方存在顾左右而言他的情况，或是对方想要编造谎言来左右我们的思维，这时我们就可以采用“提示引导”的语言技巧，巧妙地影响对方的潜意识，使他的注意力回归，并能够使他们的思路跟随着我们设定的方向前进。对此，破案专家罗伯特·安德森曾经这样说道：“当我和嫌疑人、犯罪分子打交道的时候，我常常会用提示引导的办法去对他们进行心理影响，如我会描述几个不容反驳的事实，然后加入一个适当的引导词，使他们不知不觉地转移思路，被我牵着鼻子走。”

在以下这个案例中，安德森就采用了“提示引导”的技巧，让犯罪嫌疑人无法掩盖自己的罪行。

2010 年，在新泽西州查塔姆镇发生了连环强奸杀人案件，安德森与同事们在接手这一案件后，经过一系列调查，将目标嫌疑人锁定为一个快餐店送餐员比利·怀特。据安德森估计，怀特利用自己的身份骗取受害人的信任，进入受害人的家中，伺机实施罪行。由于怀特有一定的反侦查技巧，所以一直没有被警方抓获，这也让他变得越来越嚣张。有一次，在刚刚作案半小时后，他竟然特地回到受害人家门前，大声高喊受害人儿子的名字，然后对他说："你妈妈在吗？让她来结账，这里有她点的比萨。"对方显然刚刚回家，还没有发现母亲已经遇害，怀特看着对方懵懂的表情，竟然获得了一种难以言喻的快感。

安德森在与比利·怀特接触之前，已经读过关于他的大量卷宗，对这个穷凶极恶的犯罪分子感到十分不齿。但是他很注意压抑自己的情绪，尽量不让对方感觉到自己对他的蔑视。

安德森用平静的语气对比利·怀特开始了讯问，他问的第一个问题是："你在3月19日，豪斯夫人遇害的那一天去过她家？"对于这个问题，怀特显然已经答过很多次，也不觉得有什么为难之处，他镇定作答："是的。"

安德森又问道："听说你是去送比萨的？"怀特有些纳闷了，他不明白安德森为什么要问这种显而易见的问题，但他还是老老实实地回答："没错，我是去送比萨的。"

安德森继续问道："你到了豪斯夫人家门口，喊了她儿子的名字，对吗？"

此时怀特已经感觉摸不着头脑了，他有点不耐烦地答道："是啊，我还问他'你妈妈在吗'，这些问题我都回答过好多遍了！"

安德森的脸上露出了一抹意味深长的微笑，他突然问道："如果你要找豪斯夫人结账，为什么不直接喊她，而是喊她的儿子？"

怀特顿时哑口无言，他张大嘴巴，呆呆地看着安德森，同时心中涌起一阵不祥的预感，他开始为自己之前得意忘形的做法感到后悔了。

不过安德森并不想给他编织谎言的机会，他马上开始"提示引导"："因为你早就知道豪斯夫人已经死去，所以才很自然地喊了她的儿子。更进一步说，因为你亲手杀害了豪斯夫人，所以你知道她不可能来应门了。”

怀特的思路完全被安德森打乱了，在审讯之前，他本来为自己找了很多借口来辩解，可现在他一句话都说不出来了。在安德森的引导下，他不得不招认了自己的罪行。

在这个案件中，安德森敏锐地发现了犯罪嫌疑人之前行为的漏洞，但他故意不直接指出，而是用提示引导的办法，先描述了几个不容反驳的事实，如嫌疑人确实在当时到过犯罪现场，嫌疑人确实叫了受害者孩子的名字等，当嫌疑人回答这类问题时，就会在不知不觉中受到安德森的引导和影响，之后安德森毫不留情地揭露了真相，嫌疑人也只能如实承认，没有余力再为自己进行徒劳的辩解了。

当我们在与他人沟通的时候，如果遇到对方固执己见或是想用谎言来打发我们的时候，就可以尝试采用提示引导的办法，对其进行暗示性的说服，使其思路逐渐向我们主导的方向靠拢。在具体操作时，我们可以采用以下这些方法。

1. 用因果关系来进行提示引导

这种提示引导的方法指的是在与对方沟通时先不直接提出我们关心的话题，而是可以先叙述“前因”，即平铺直叙地讲述一些与该话题有关的原因、事实等，这些信息应当是客观存在的，对方无可辩驳，所以往往会顺着我们的话头进行思考。等到对方的思维已经完全受我们引导的时候，我们就可以用“因为”“所以”这样的连接词抛出结果，使对方不得不接受这样的事实。

比如，在本节案例中，安德森所使用的就是因果关系的“引导提示”

法，他一步一步举出“前因”，最后用一个无法辩驳的结果来证实对方确实有无法洗清的嫌疑，在他的引导之下，对方也只得承认自己并不无辜。

2. 用暗示法来进行提示引导

引导提示还有一种办法是对沟通对象进行一定程度的暗示，常用的连接词有“会让你”“会使你”“你就会”等。采用这种方法的时候，我们可以先描述一种状态，然后用巧妙的语言引导对方想象自己处于那种状态中的感觉，从而使对方在不知不觉中受到我们的影响。

比如，一位破案专家在审讯时曾经对一名犯罪分子说：“我发现很多人在作案后都很害怕回想被害人的样子，我现在拿出被害人的照片给你看，会让你觉得非常紧张和恐惧吧。”像这样的提示引导就会让对方不由自主地构想自己害怕的样子，会产生催眠一般的效果，让对方完全进入这种自我暗示的情境中，思路也会受到我们的强烈影响。

需要提醒的是，我们在使用“提示引导”的技巧的时候，要注意不可表现得过于直白，以免让对方识破我们的用意，否则引导的效果会大打折扣。所以，我们要注意掩饰自己的情绪，哪怕此刻心情非常激动，或是对对方有什么不满的情绪，也不能在引导他们的时候表露出来，以免弄巧成拙。

制造悬念，吸引对方关注

好奇心是人们普遍存在的一种心理，在遇到未知的、神秘的事物时，人们往往会充满热情地去主动探究。我们在沟通时也可以利用人们的这种心理，巧妙地通过话语来制造引人入胜的悬念，从而引起对方的高度关注。对此，破案专家丹尼·泰勒就曾经这样说道："当我们发现沟通对象态度非常消极，对我们所说的话语不感兴趣，或是不愿意做出过多回应的时候，我们就可以采用制造悬念的办法，让他们的态度变得积极起来。这样他们可能会迫不及待地想要知道更多，而我们也能够借此拥有更多的话语权和发挥的空间。"

在泰勒的职业生涯中，曾经有过不少次利用悬念在沟通中占据上风的经历，下面这个案例就是其中之一。

2006年，泰勒曾经参与审讯来自中东某国的谍报人员。当时一位名叫萨拉的间谍在审讯中表现得十分消极，无论问他什么问题，他要么沉默以对，要么胡乱地敷衍几句，还故意用阿拉伯语来回答，试图搅乱破案专家的思维。

泰勒知道，萨拉是想拖延时间。于是，泰勒打算用设置悬念的办法让萨拉变得积极起来。

泰勒先悄悄地给审讯室外面的同事发了一条信息，让他们做好安排。十分钟后，泰勒的一个同事手拿着一页文件，装作十分惊喜的样子从外面跑进来。他来到泰勒身边，将文件递给泰勒，对他说：“没想到外勤组这么快就能够发现这么有用的信息，这下问题可解决了！”

泰勒接过文件，认认真真地读了一遍，脸上也露出了欣慰的表情，还对同事说：“这可真是太棒了！”在他这样做的时候，萨拉的注意力完全被那页文件吸引了，他一改之前无精打采的样子，坐直了身子，双眼死死地盯着文件，仿佛想要立刻看清楚那上面写着什么似的。

等到那位同事离开后，泰勒举起文件对着萨拉晃了晃，冷冷地对他说：“你肯定不知道这上面有些什么，现在你的口供已经不重要了，我们有这个就足够了！”

萨拉这时候已经有些惊慌了，他迫不及待地想要知道对方到底挖到了什么线索，不过他还是极力掩饰自己的心情，故作不在乎地说：“你们都掌握了哪些具体证据？该不会只是在诈我吧？”

事实上，泰勒手中还真的有一条重要线索，他本来是想等到关键时刻才使用的，此刻，他认为关键时刻已经来到，于是他毫不犹豫地将这张底牌甩出去。他带着嘲弄的语气对萨拉说：“我想你对于威廉·特纳这个名字并不陌生吧，2005 年 4 月，你们在旧金山的马克霍普金斯洲际酒店接头，当时你还给了特纳 10 万美元的活动经费……”

当威廉·特纳这个名字从泰勒口中说出的时候，萨拉就已经彻底崩溃了，他在心中不停地对自己说：“完了，他们什么都知道了。”之后，泰勒向他问的每一个问题，他都认认真真地做了回答，因为他觉得抗拒已经没有任何意义。可是他并没有想到，泰勒所知的信息其实并不多，至于那页被同事拿进来的文件上其实也只有一堆没有意义的字母而已。

在这个案例中，我们可以看到，泰勒用一页“神秘”的文件制造了一个让嫌疑人难以放下的悬念。由于迫切地想知道纸上到底有什么内容，嫌疑人的好奇心被一点点地勾起，使他变得越来越紧张和急切。这时泰勒再甩出一点关键信息，就立刻让嫌疑人意志动摇、精神崩溃。

由此可见，我们想在沟通中引起对方的关注，并占据上风，就可以采用这种巧妙的说话方法——在对话中故意创设神秘气氛，制造一些悬念，引起对方的好奇心，使得对方的思路能够逐渐受到我们的引导。

那么，我们在沟通中怎样做才能成功地设置引人入胜的悬念呢？为此，我们不妨参考破案专家的经验。

1. 刻意只提供部分信息

如果我们在沟通中发现对方兴趣缺乏，就可以采用这种半掩半露的办法：只向对方提供部分信息，引起对方的好奇。这样对方为了知道另一部分信息，就会集中注意力认真倾听，有时还会迫不及待地主动追问，如此一来，我们就更能够掌握谈话的主动权了。

比如，在本节案例中，泰勒在审讯时就拿出了一页神秘的文件，给嫌疑犯造成了一个悬念，使其摸不清审讯者到底掌握了多少情况，所以就将自己全部的注意力都集中到泰勒身上，留心听他说的每一句话，使得泰勒逐渐掌握了审讯沟通的主动权。

2. 利用从众效应勾起好奇心

所谓从众效应，指的是人们很容易跟随大众的意见决策或行事。

在沟通中，我们也可以利用从众效应来勾起对方的好奇心。比如，破案专家在调查一个案件时需要对多名证人进行问讯，但其中一名证人态度很不配合，拒绝提供有价值的信息。破案专家就会这样告诉证人：“其他证人都已经开口了，而且还提供了一个非常重要的线索，所以这个案子的破获已经是板上钉钉的事情了。”这句话足够对他产生从众效应，使得他的好奇心被不断放大，让他迫切想要知道到底是什么重要线索。在这种情况下，破案专家再对其进行适当的话语引导，就能够在沟通中占据上风，并能够从其口中获得一些有价值的信息。

3. 用“价值”来激发好奇心

想要在沟通中设置悬念，激发对方的好奇心，还有一个很好的办法，就是故意在话语中显露出一点诱人的“价值”，让对方能够深受吸引，不由自主地想要获得更多的信息，从而可以为自己博取更多的“价值”。

比如，一位破案专家对嫌疑人这样说道：“如果你能够主动配合，我可以说服上级对你从轻发落，那可比你负隅顽抗的结果好多了。”嫌疑人一听到“从轻发落”这样与自己切身利益相关的话语，就立刻被勾起了好奇心，他们可能会迫不及待地反问：“‘从轻发落’是如何‘从轻’？”如果破案专家给出的答案能够让他们满意，他们往往就会权衡利弊，并会改变消极的沟通态度，变得越发积极起来。

总之，破案专家的经验告诉我们，好奇心可以帮助我们推动沟通顺利进行，可以吸引对方积极参与到对话中，也可以让我们成功地引导对方的思路，占据沟通的上风。当然，为了达到这种效果，我们就需要在平时多多锻炼和提升说话的艺术，用巧妙的话语成功地制造引人入胜的悬念。

变换说法，化被动为主动

在沟通中，学会巧妙的表达可以达到事半功倍的效果。同样的一句话，由于采用的说法不同，有时可能让对方感到不满，使沟通陷入不利局面，但有时又能够让人心悦诚服，还能够使自己摆脱被动境地，掌握主动权。对此，有 20 多年工作经验的破案专家克里斯托弗·沃斯指出："你应该学着用更加巧妙的说法来表达你的意图，那不但能让你的沟通对象获得一种受到了尊重的感觉，还能够让你对于某事拥有更多的主动权。"

沃斯曾经用这样一个案例来说明这个问题。

某次沃斯和一位证人约好了上午 9 点在丹佛市的国际会议中心见面，不过临出门的时候，沃斯突然接到了上级打来的电话，需要他立即到法院去一趟。沃斯只好给证人打了个电话，告诉她自己可能会晚一点到，并向她表示了诚挚的歉意。

在电话中，证人对沃斯表达了自己的不满，她说自己专门腾出了时间赶到会议中心来与沃斯见面，为此还要耽误正常的工作，可是沃斯却随意更改行程，为她增添了不少麻烦。沃斯好不容易才说服了证人，使她愿意多花一个小时的时间在原地等待。但沃斯心中很清楚，证人已经对自己产生了坏印象，也将会影响之后的沟通，所以一会儿见面时如果只是说些普通的道歉话是难以改变现状的。

沃斯一边开车一边思索，最后终于想到了一个很好的说法。于是在见到证人时，他没有向对方说“对不起”，而是将道歉的说法换成了感谢。他微笑着对对方说：“非常感谢您在这里等了我这么久，您已经做好准备了吧？那我们现在就开始谈谈这个案子吧……”

听到他的感谢话后，证人有点意外，本来已经准备好的一顿数落也说不出口了，她几乎是不由自主地接受了沃斯的引导，并开始回答沃斯提出的一个又一个问题。事后，证人也没有对沃斯表示不满，沃斯只用了一个小小的“变换说法”的语言技巧就达到了主导沟通的目的。

从这个案例中我们可以看出，对于同样一件事情，在表达时选择换个说法，就能够避免让对方在细枝末节上纠缠不休，同时也能让自己在沟通中从被动转为主动，并能够推动话题顺利进行。而这也提醒了我们，在沟通中应当像沃斯那样对自己的说辞进行字斟句酌的推敲，找到最佳说法，达到顺利沟通并占据上风的目的。

那么，在沟通中有哪些话语需要换个说法来表达呢？

1. 带有命令性、强迫感的话语

如果我们希望说服他人，或是要求他们为我们做一些事情。就应当避免使用带有强迫感的语言。比如对他们说：“你应该……”“你必须……”这样带着命令口吻的话语就会让对方感觉非常强势，可能会让他们感到难以接受，所以我们有必要换一种语气，用更加缓和的说法来替代这种话语。

比如，破案专家可能会这样说：“我建议……”“我觉得可以这样做，你看行吗？”像这样带有商量性质的话语，就不会让对方觉得生硬，对方也就更容易接受破案专家的意见或要求了。

2. 带有强烈否定性质的话语

态度直白地否定对方，不但会让对方感觉非常窘迫，还有可能引起对方的抵触心理，也会影响沟通的顺利进行。因此我们不能直接否定对方，而是应当巧妙地包装一下自己的说法，让对方能够接受被否定的事实，而且还不会产生记恨的心理。

比如，一位破案专家遇到一个态度傲慢的嫌疑人，他一开始本来想说：“我希望你以后不要态度这么傲慢！”可是这句话带有明显的否定性质，很有可能会激起嫌疑人的防卫心理，那么之后的讯问就可能会陷入僵局。因此，他将自己的话换了一个说法，他这样说道：“我觉得你很有自信，但是在目前的环境中，似乎有点过了头……”这样的说法带有欲抑先扬的技巧，让对方想继续听下去，并且也没有偏离主题，能够达到教育对方的目的。

3. 表示强烈拒绝意愿的话语

在与他人沟通时难免会遇到需要拒绝对方要求的情况，在这时也要注意自己的说法，不要用一句冷冰冰的“不行”“不能”来拒绝对方，那很有可能会伤害对方的感情。其实想要拒绝对方的办法有很多，如破案专家有时就会用较委婉的说法来提出自己的困难，让对方理解自己为什么要拒绝，对方也就不会感到生气或受伤害了。

当然，在沟通中需要变换说法的情况还有很多种，破案专家对此已经习以为常并能够熟练应用。比如，为了避免造成恐慌，破案专家永远不会说“不好了！出大事了”这种让人一听就觉得紧张、害怕的话语，而是会用“好像出了点状况”这样的说法来代替，这也能缓解紧张氛围，并能够给听话人留下遇事从容镇定的好印象。再如，上级交办任务的时候，破案专家从来不会吞吞吐吐地说“这件事……我可能做不了……”而是会用“我立刻去办，有问题我们再沟通”这样的说法来表现自己的能力和行动力。凡此种种都值得我们在沟通中学习和仿效，如果能够掌握破案专家的这种沟通艺术，我们在沟通中就会掌握更多的主动权。

反复强调，击溃对方意志

很多沟通的场合都可以说是一场心理“对抗战”。在此期间，双方不断正面交锋，又不断互相试探，都在想办法占据沟通的上风，主导沟通的节奏，使对方不由自主地接受自己的引导。在这个过程中，有经验的破案专家就会采用“反复强调”的语言艺术，他们会将对方想要回避，但却非常关键的一些问题不厌其烦地对对方进行强调，使对方的意志受到一次又一次的打击，最终就有可能让对方改变强硬的态度，说出更多有价值的信息。

破案专家托尼·简就非常善于在沟通中采用这种技巧，他曾经这样说道：“在沟通中我会先试探对方想要回避的弱点，如果让我找到了这样的弱点，我就会故意反复强调，使对方避无可避，不得不正面回答我提出的问题。”

托尼曾经用“反复强调”的技巧让一个凶杀案嫌疑人坦白交代了实情。

2010年，纽约发生了一起恶性凶杀案。死者是当地一位知名的富商西科特先生一家，在社会上引起了强烈的反响。据警方调查，死者最后接触的人是他的合作伙伴——迈克尔·林奇。在案发当天晚上，林奇曾经到过西科特家，与西科特进行过一小时以上的会谈。第二天早上，前来打扫卫生的用人发现西科特先生及其妻子、女儿已经陈尸家中。

纽约警方立刻拘捕了林奇，但是林奇声称自己什么也没有做过。偏偏西科特家门口的摄像头又出现了故障，警方无法判断在林奇之后是否还有其他人进出过那幢别墅。

托尼参与了这桩案件的审讯工作。他见到林奇后，发现对方非常冷静、沉稳，便知道采用常规的办法很难有所斩获。于是他开始与林奇闲话家常，在对方比较放松的情况下，他突然发问："林奇，是不是你杀死了你的合作伙伴西科特先生？"

林奇一怔，马上反应过来："我没有，我已经和警察说过很多次了。"

托尼好像没有听到他这句话似的，又开始闲聊起了一些与本案无关的信息。等到林奇再次感觉放松的时候，托尼突然又问道："你杀死西科特先生可能是因为经济纠纷，那你为什么要杀害他的妻子，你的动机是什么？"

林奇的情绪开始变得不稳定了，他提高声音说道："我早就说过了，我没杀人，我既没杀西科特，也没有杀他的妻子。"

看到他这副样子，托尼反而有些放心了，他已经看出林奇很害怕被问到这类问题，于是他又开始顾左右而言他，然后等到林奇放松警惕的时候，他再次突然"袭击"："是不是你杀害了西科特的女儿？她才只有10岁，你怎么下得了手？"

这一次林奇彻底崩溃了，他大声叫起来："我没杀她，不是我，不是我……"

托尼却不理睬他的反应，而是继续强调他的罪行："那么或许你并不想杀死小女孩，这只是个意外？”

林奇开始放声大哭，他号啕着说：“我真的不想杀那个小女孩，那不在我的计划中……”

至此，林奇在这场沟通中已经全面崩溃，在托尼的引导下，林奇交代了自己的罪行。原来他与西科特一起参股了某个项目，但是西科特在其中动了手脚，骗走了林奇的全部财产。所以林奇才会在极度愤怒中找上门来，并在争执中失手杀死了西科特先生。当时西科特太太为了保护丈夫，不顾一切地扑上来与林奇搏斗，也被暴怒中的林奇杀害了。至于西科特先生的女儿，林奇看到她正准备打电话报警，所以一不做，二不休，用电话线勒死了她。等他做完这一切的时候，方才明白自己已经铸成大错。这些天他一直在遭受良心的谴责，每一次警方提到他的罪行对他来说都是一种折磨，而托尼发现了这一点，便不依不饶地反复强调他的罪行，使他的意志完全被击溃，并最终不得不吐露所有实情。

在这个案例中，我们可以看到，破案专家为了迫使嫌疑人承认自己的罪行，采用了“反复强调”的语言技巧，不时地在嫌疑人没有准备的情况下，突然提起他犯下的罪行。嫌疑人本来就处于惶恐不安的情绪状态之中，又被破案专家一次又一次地刺激，导致意志完全崩溃，不得不将自己的罪行和盘托出。

由此可见，如果我们在平时沟通的时候，遇到了胡搅蛮缠或是拒不配合的沟通对象，就可以采用这种“反复强调”的办法，使他们无法再坚持自己的立场，而不得不软化态度，与我们进行开诚布公的交流。

那么，在沟通中进行“反复强调”时，我们要注意哪些方面呢？

1. 用设定好的逻辑引导对方的思维

破案专家提醒我们，在我们与他人沟通的时候，一定要想办法引导对方的思路，要让对方的思维跟着我们设定好的逻辑前进，这样他就不会对我们的一些说法轻易起疑。当对方跟随着我们的逻辑深入核心话题时，我们就可以找准时机开始下一步计划。比如，在本节案例中，托尼在与嫌疑人沟通时，就采用了先拉家常再突然提问，然后反复强调问题严重性的逻辑思路，使得嫌疑人一步一步走入“陷阱”，并最终不得不承认了自己的罪行。

2. 故意强调关键词

当对方因为交流的深入而自顾不暇的时候，我们可以强调一些被他刻意回避的关键词，以进一步击溃他之前周密的思考和强大的意志，使他逐渐出现漏洞。就像在本节案例中，托尼发现嫌疑人一直在回避“杀死”“杀害”这样的关键词，这恰恰是一种做贼心虚的表现，于是他故意多次强调这些关键词，还一次又一次加重语气，从对嫌疑人正常讯问，到向其发出强烈的谴责，情感一步步深化，使得嫌疑人无法再承受良心的拷问，而不得不交代了实情。

3. 始终坚持自己的立场

在与对方沟通的过程中，如果遇到对方想要通过胡搅蛮缠影响我们思路的情况，我们要注意不能轻易地放弃自己的立场。我们应当表现出坚定的态度，并反复向对方说明，使得对方逐渐明确这一点：无论他如何巧言辩解，我们的立场不会改变。如此一来，对方就可能会改变自己的行为，沟通也就能够按照我们预定的方向进行了。

第四章

察言观色，抓住语言之外的信息

解读眼神，看穿心中隐秘

人们常说，眼睛是心灵的窗户。的确，一个细微的眼神，往往能够透露出心灵深处的想法和情绪。也正因为这样，在沟通中一定要学会解读对方的眼神。科学家莱斯克安教授指出："眼神这个非语言沟通的要素常常能够提供语言沟通不能提供的隐秘信息，所以我们一定不能忽视对它的研究和分析工作。"

对于破案专家来说，在沟通中观察和解读眼神已经成了一项必备技能，这让他们成功地挖掘到了很多有价值的信息，为突破案情提供了很多帮助。

2015年，某犯罪组织的一个成员乔什·斯图尔特被捕。乔什是一个非常谨慎的人，被捕后一直表现出超乎寻常的冷静沉着。警方希望他能够供出上线及同伙，但经过几次讯问，乔什始终没有说出实情。于是，一名擅长研究微表情、非语言行为的破案专家保罗打算通过观察和解读乔什的眼神来寻找突破口。

保罗准备了一些照片，这些照片上的人是最近几个月来与乔什有过密切接触，并且也有一定嫌疑的对象。保罗将这些照片一张一张地放在乔什的面前，要求他说出这些人的名字、职业以及和他们之间的关系。事实上，这些情报警方早已在之前的调查中了解得一清二楚，所以保罗并没有把注意力集中在乔什口中的答案上，而是不动声色地观察着乔什的眼神。最初，乔什的眼神非常平静，眨眼频率、注视照片的时间等都没有什么特殊之处，可当保罗拿出最后一张照片时，乔什的眼神在照片上多停留了2秒，并且他的眼睛突然睁大，瞳孔迅速收缩，眼角微微眯起，这个变化发生在一瞬间，之后乔什就恢复了正常的状态。不过保罗已经捕捉到了想要的信息，他认为照片上的人在乔什心中占有非常重要的地位，乔什虽然极力压抑自己避免透露秘密，但眼神还是不受控制地“出卖”了一切。

事后，根据保罗获得的线索，他的同事们立即抓捕了最后一张照片上的嫌疑人，并通过调查证实他就是该犯罪组织中的一个重要人物，也是乔什的直接上级。

从这个案例中，我们不难看到眼神对于沟通中洞察对方内心世界的重要性。懂得解读眼神，不但可以帮助我们弄清楚沟通对象此刻的情绪变化，从而可以适时改变沟通策略，主导沟通顺利进行；还可以帮助我们识破对方的谎言，获得对方想要隐瞒的信息，使沟通能够达到我们想要的结果。当然，想要做到这些还需要平时多多学习和锻炼解读眼神的技巧，而破案专家的以下研究成果可以为我们提供有益的指导和借鉴。

1. 解读目光

从目光的定位情况，破案专家可以分析出沟通对象是否对所谈内容有回避心理，是否有想要掩饰某些问题的倾向。

（1）目光回避。在沟通过程中，如果发现对方的目光有明显的回避现象，有一部分原因是因为他说了谎话，自觉心虚，害怕目光接触会被看穿；不过也有可能是因为对方比较害羞、自卑，不太敢在沟通时注视别人。具体属于哪种情况需要结合其他面部表情、动作体态等来进行判断，如在说谎的时候对方还可能出现抚弄衣服、面部表情不对称、一侧肩膀耸起、揉眼睛、双手抱胸同时后退等表现。

（2）目光散乱。对方的目光散乱，视线飘忽不定，可能表明他此刻心不在焉，或是对沟通的内容不感兴趣。不过，视线飘向右上方可能表示对方正在捏造谎言，这是因为左脑负责语言系统和右半身的肢体活动，右脑负责思维系统和左半身的肢体活动，所以如实回答问题时，大脑开始寻找记忆作出反射性回答，此时右脑处于活跃状态，视线会自然地飘向左上方，反之，在组织语句、编织谎言的时候，左脑处于活跃状态，视线常会飘向右上方。当然，需要提醒的是，这个方法并不适用于左撇子沟通对象。

（3）目光直视。在沟通的时候，对方目光直视，保持目光接触，可能表示他对沟通的话题非常关注，但这也需要分为两种情况。一种说明他心境坦然，没有什么需要隐瞒的信息，此时他全身的状态也是比较松弛、自然的；而另一种则可能意味着他在努力掩饰说谎的行为，此时他全身的状态是比较紧张的，面部表情往往略显僵硬。

2. 解读睁眼、闭眼

睁眼、闭眼虽是每一个人都很熟悉的动作，但在沟通中仔细去分析，却会发现一些隐藏在这些小动作之后的内心秘密。

（1）睁大双眼。在沟通时对方突然睁大双眼，可能表示他对接收到的信息感到非常惊讶或是产生了恐惧。

（2）闭上双眼。在沟通过程中，对方出现闭眼不语的情况，一般表示他对沟通的内容缺乏兴趣；如果是长时间的“闭目养神”，则表示他可能已经出现了不耐烦的情绪，此时他的心理潜台词可能是“快停下吧，我一点也不想听到这个”。

（3）频繁眨眼。在正常情况下，人们眨眼的频率是每分钟 10 ~ 20 次，过于频繁的眨眼常常意味着对方在沟通中感觉到了较大的压力，在紧张情绪的驱使下，双眼常常会不自觉地眨动。

（4）眯眼。对方在沟通中眯着眼睛，可能表示他对沟通的内容感觉不舒服或有所怀疑、无法认同，有时还表示他已经产生了愤怒的情绪。

3. 解读瞳孔

瞳孔是人眼内虹膜中心的小圆孔，也是光线进入眼睛的通道，瞳孔会在情绪的冲击下出现扩大、收缩的变化，所以破案专家也会通过瞳孔的变化来了解对方的情绪状态。

（1）瞳孔扩大。在沟通中对方的瞳孔扩大，常代表他处于情绪激动的状态，如感觉兴奋、感觉极度恐惧等。有研究显示，人们在处于极度激动的情绪下，瞳孔可能比平时放大 3 倍左右。

（2）瞳孔收缩。在接收到的沟通信息引起了对方悲伤、失望等情绪后，他的瞳孔会明显收缩。

4. 解读眼角

微笑时眼角出现皱纹，即鱼尾纹时，说明对方的心情是由衷的高兴。如果只是唇角上扬做出微笑的样子，而眼角没有皱纹，则属于礼节性、客套性的笑容，并非发自内心。

需要指出的是，在沟通时解读眼神、探测对方内心还需要考虑到文化差异的因素。比如，在美国、英国等国家的文化中，不敢直视对方的双眼通常是不诚实、虚伪的表现。可是在中国、日本、韩国等亚洲国家，因为文化具有含蓄、内敛的特点，人们可能不太习惯于直视别人的眼睛。就像在日本人们就倾向于在沟通时看着对方的脖子，把这当成一种礼貌的行为。因此，破案专家提醒我们，在日常沟通时，还需要将对方的国籍、文化特色等因素统统考虑在内，才不会发生误判而影响最终的沟通效果。

小小眉毛，暗藏心理信息

在沟通的时候，小小眉毛也能用来传递心理信息，这也就是俗话说的“眉动则心变”。双眉的舒展、皱起、上扬、下垂等变化是一个人内心复杂的喜、怒、哀、乐的信号。所以，在行为分析部门任职超过15年的玛丽·艾伦·奥图尔认为：“我们可以在沟通中注意观察对方的眉毛变化，然后从中解读其心理和情绪，并做到洞悉其个性，找到很多对方不想表露于外的重要信息。”

奥图尔还曾以下面这个案件为例，来说明解读眉毛对于沟通的重要作用。

那是一年夏天，警方正在调查一起连环抢劫案。有一天夜里，值班人员又接到当地一家富商的报案。报案者是富商雇用的守夜人乔治先生，他声称自己当晚正在值班，突然整栋楼的电力被人切断，乔治的视野随之陷入一片漆黑。接着，他又听到门外一阵砸玻璃、撬门的声音，随后有几个男子冲进了大门，听声音有四五个人。乔治考虑自己势单力薄，便没有选择硬碰硬地与歹徒对抗。他本想要打电话报警，可是电话线被歹徒切断了，而乔治又从不使用手机，所以一时找不到求助的机会。最后他只好躲进了其中的一个储藏室，暗中观察着外面发生的一切。好不容易，等那伙人在屋里搜刮了一番，满意地离开后，乔治才大着胆子出来，在外面的公用电话亭报了警。

“幸好我的主人卡尔先生当晚并不在家，要不他的处境可就危险了。我看到那伙人目标明确地直奔他的卧室，撬开门后见他不在，就拿走了房内的财物……”乔治在电话中简单地描述了当时的情形，他的声音抖抖颤颤，听上去还在后怕。

接到报案后，警方火速赶到了现场。可是尽管他们仔细搜遍了每一个角落，却依然没有发现任何有用的线索。于是，他们只好找乔治询问一些细节，希望能有新的发现，可是乔治还是那一套说辞，听不出有什么漏洞，但对于案情的调查也没有什么帮助。

后来，奥图尔被派来向乔治取证，她照例问了乔治一些问题，从他的回答中她感觉此人非常沉稳老练，所有的回答都滴水不漏。这让奥图尔对乔治更多了几分在意，她一边问问题一边仔细地察言观色，想要找到一些语言之外的信息。

奥图尔看着乔治的脸，平静地问道：“你还能回想起那些人都有什么特征吗？”

“嗯，他们有四五个人，带头的那个好像是印第安人，他的脸上有块疤痕。”乔治好像在努力地回忆，但他所说的话和他第一次交代的证词没有丝毫差别。

奥图尔故意用怀疑的目光打量着他，问道：“你确定吗？你不是说你躲在储藏室里吗？能看清楚他们的脸吗？”

“确定。他们来的时候手上拿着手电筒，我在门缝偷瞄的时候，碰巧看到了那块疤痕。”乔治边说边回忆，奥图尔发现他一直紧锁着眉头，好像有些烦躁的样子。接下来，奥图尔又问了他一些其他的问题，而乔治依旧紧锁着眉头回答着，表情也从最初的满脸堆笑变得越来越严肃。

眼看着乔治快要失去耐心了，奥图尔终于开口道："好了，我要问的都已经问完了，谢谢你的配合，乔治先生。"就在这一刹那，奥图尔发现乔治的眉毛瞬间舒展了，还情不自禁地吐了一口气，就好像刚刚解决了一件非常棘手的事情，这个不寻常的表现更加坚定了奥图尔的想法。

奥图尔便试探着追问了一句："其实那几个人是你放进来的，对不对？"乔治完全没有料到奥图尔会问到这一点，他张口结舌，愣在原地。奥图尔趁势开始对他进行讯问，经过了一番艰难的攻心战后，乔治不得不承认，其实他和那几个人都隶属于一个犯罪集团，他们在美国好几个州都犯下了抢劫大案。常用的手法就是先去选定好的富商家里应征安保人员，想办法骗取信任后，再找机会里应外合夺取财物。他们本打算在这次作案后休息一段时间，可是细心的奥图尔却捕捉到了乔治眉部的微小变化，并从此入手使他不得不坦白了自己的罪行。

从这个案例中，我们可以发现，眉毛的变化虽然看似不起眼，但如果用心观察，也能够发现非常重要的意义，它可以使我们在沟通中更好地掌握对方的心理，并顺势采取相应的行动。

那么，我们应当如何准确地解读眉毛的变化呢？一般而言，眉毛的变化可以有以下几种情形。

1. 皱眉

皱眉可以分为防卫性的皱眉和攻击性的皱眉两类。比如，在听到他人富有攻击性的言辞心中感觉很不舒服的时候，就会不由自主地出现防卫性的皱眉，这种情况下双眉皱起的程度较轻，脸上一般表情也比较平静；而带有攻击性的皱眉则是在愤怒、厌恶等情绪影响下，情不自禁地紧紧皱起眉头，同时脸上还会出现非常明显的不愉快的或是紧张的表情。

由此可见，在沟通中，如果我们在说话后发现对方出现了皱眉的情况，我们就可以反思一下是不是某些词语、语气让对方感觉很不舒服。比如，在本节案例中，行为分析专家奥图尔就发现当自己在话语中表现出了明确的怀疑态度后，对方就会紧紧皱起眉头，表现出烦躁、紧张的样子，这就说明对方有可能说了谎话，所以才会如此害怕被人揭穿。

2. 扬眉

人们常说“扬眉吐气”，扬眉确实能够表现出一种高兴、痛快的情绪。特别是在两条眉毛同时上扬的时候，视野会得以扩大，精神也会感觉一振，在他人看来，扬眉时整个人的状态也会是比较积极的。如果是在与他人对话的时候，采取扬眉的动作并配合亲切的微笑，就能够表达一种赞同、欣赏的态度，谈话往往也能够进行得更加顺利。

不过我们也要注意，只扬起一边的眉毛是表示困惑的意思，是对他人所说的话不能理解的一种表现，和扬起双眉是有很大区别的，不能将二者混为一谈。

3. 耸眉

耸眉指的是眉毛先扬起，停顿片刻后再下降的情况。耸眉常常被看作在表达一种无可奈何的情绪，如果同时配合撇嘴的表情，还可以表示心情很不愉快。比如，有些受害人在对破案专家絮絮叨叨地抱怨自己的一些遭遇的时候，就可能会不由自主地出现耸眉的情况，有时他们还会伴随撇嘴、皱起面部肌肉的表情，这常常代表他们对自己的遭遇感到非常委屈、不满。

此时破案专家往往会对他们进行及时的心理安慰，必要时还会安排专人对他们进行心理辅导，使他们能够尽快摆脱痛苦的心境。

4. 闪眉

与耸眉相比，闪眉时眉毛扬起、下降的速度更快，之间没有停顿，它常常代表着一种友善、愉快的情绪。比如，两位好朋友相见的时候，在最初开始交流时他们就可能做出闪眉的动作，同时还会配合惊喜的微笑等表情，从而释放出一种表示“欢迎”的信号。

另外，破案专家还发现，如果与他人对话时，发现对方做出了闪眉的动作，那可能表示对方对我们所说的话产生了兴趣，或是对我们产生了好感，这时我们如果能够抓住机会说一些让对方爱听、愿听的话题，就能够使沟通的氛围变得更加愉快和积极。

5. 眉毛斜挑

在说话的同时，一条眉毛降低，另一条眉毛上扬，这就是“眉毛斜挑”。它所传达的心理信息是“怀疑”，即对别人说出的话语不能立刻采信，而扬起的那条眉毛就像是在提出一个“问号”。

破案专家在与他人说话时，如果发现对方有这种眉毛斜挑的情况，就会开始反省自己之前所说的话语，看看是不是有哪些地方说理不够充分，或是没有提供足够的证据来进行说服。如果确实存在这些问题，破案专家就会迅速采取办法改进，以便消除对方的疑惑，获得对方的认可。

总而言之，眉毛的变化可以说是丰富多彩的，我们可以学着像破案专家这样在说话时通过解读眉毛的变化来了解他人的情绪变化，同时我们自己也要注意运用眉毛的变化来赢得他人的好感，这样无疑可以为我们的沟通能力锦上添花。

观察嘴巴，发现更多真相

嘴巴不仅是人们用来进食、说话的重要器官，而且还能表达很多无声的“语言”，这是因为嘴部肌肉灵活、发达，可以出现多种变化，并会随着人的情绪、心理的不同而做出相应的表情，所以观察嘴巴就可以帮助我们在沟通中发现更多真相。

犯罪学专家罗伯特·K.雷斯勒就曾经说过：“嘴唇可以成为打开他人内心世界的一把钥匙，如果我们在沟通中留心观察并认真解读对方舔嘴唇、紧闭双唇、吐舌头、噘嘴等表情，就能够发现对方一些隐秘的心理活动。”

雷斯勒曾经参与过这样一个案件：

2003年，休斯敦一家著名的商业银行在半个月内意外丢失了300万美元的巨款。由于事态严重，警方立刻开始了调查工作。经过认真的分析和取证之后，警方怀疑这起案件是银行内部人士所为：有人通过银行内部系统非法篡改了业务数据，将款项分成若干笔转移到几百个私人账户上，再通过分布在全美多地的自动取款机将赃款全部取走。

于是警方马上提审了有权限接触并篡改数据的银行工作人员，并召集了雷斯勒等心理分析专家参与讯问。在调查过程中，雷斯勒注意到了银行的一位数据工程师卡皮尔·马里克的表现有些不寻常。马里克是个来自印度的年轻人，他皮肤黝黑，看上去有点慌慌张张的，每当审讯人员向他询问一个与银行系统有关的问题时，他都会不自觉地用舌头舔一下自己的嘴唇。

雷斯勒开口打断了讯问，对马里克说：“你为什么会这么紧张？这不过就是一次例行讯问，我们问你的问题也同样问了你的同事。”马里克一惊，顿了一下，但他马上反应过来，连忙为自己辩解：“我没有紧张，我一点都不紧张，真的。”可是在他这么说着的时候，他的手不由自主地抬起来，伸到了嘴巴前方，似乎想要做出一个“捂嘴”的动作。

雷斯勒不禁微微一笑，对他说道：“不要再撒谎了，我可以肯定你与本案有脱不开的关系。”马里克十分惊诧，眼睛死死地盯着雷斯勒，似乎想说：“你怎么会知道……”

随后，雷斯勒和同事们对马里克进行了重点调查，终于找到了一些证据，并最终迫使马里克讲出了事实，原来确实是他借着银行数据系统升级的机会，篡改了银行的数据，又与自己的几个朋友合作，一起转移了那300万美元。

在这个案例中，雷斯勒就凭着嘴巴的细微表情读出了嫌疑人的内心“机密”，并成功地破获了案件。由此可见，有时即使不说话，嘴唇也能“出卖”不少的信息。那么，我们不妨来看看破案专家都有哪些常见的读取这些信息的本领吧。

1. 舔嘴唇或咬嘴唇的真相

（1）舔嘴唇。一个人舔嘴唇的原因有很多，如天气炎热，嘴唇变干，可能会下意识地舔嘴唇。另外，由于心中非常兴奋、紧张、害怕，人们可能也会频繁地做出舔嘴唇的动作。所以破案专家在看到嫌疑人不停地舔嘴唇时，就可能对他产生怀疑。

（2）咬嘴唇。破案专家通过观察大量讯问录像，发现当嫌疑人在心中充满迷茫、沮丧、愤怒、焦虑或尴尬等情绪的时候，就可能会做出咬嘴唇这样的动作，而且他们在做这个动作的时候往往是下意识的。有的破案专家还发现，一些被认定有罪的罪犯还会用用力瞪眼再加上咬嘴唇的表情来表达自己对审讯人员的愤恨之情，这也可以让审讯人员在讯问时更好地把握他们的心理变化。

2. 噘唇和噘嘴的真相

（1）噘唇。如果在沟通中发现对方做出了下嘴唇向外突出的动作，常常意味着对方有一些委屈或失望的情绪。不过有的时候，做这个动作也有撒娇的成分在内，所以具体分析时要注意结合当时的情境。

（2）噘嘴。噘嘴的时候，上下嘴唇相互挤压在一起，向外高高噘起，这常常表示一种强烈的不满情绪，在噘嘴的同时可能还会眯起眼睛，皱紧眉头，整个面部肌肉向内收缩。

3. 吐舌头的真相

有时在遇到惊吓的时候，人们除了会做出目瞪口呆等动作之外，还常常会不自觉地吐舌头。另外，如果对于某人某事很不喜欢，人们也可能会用吐舌头的表情来表达一种拒绝、抵触的情绪。破案专家在讯问嫌疑人时，如果发现他们常常有耸肩、吐舌头等表现，就会知道他们这是对目前所说的问题非常反感或抵触，而这种问题极有可能就是破解案情的关键。

4. 捂嘴和抿嘴的真相

（1）捂嘴。很多人在害羞或说谎时，总喜欢用手捂着嘴。不过，前者常常还会有面色潮红、目光低垂等表现，而说谎时对方则可能还会有目光游移不定、面色发白等表现。另外，由于捂嘴的动作比较夸张，所以一些人可能会注意掩饰自己的举动，他们可能会像本节案例中的嫌疑人一样，在说谎的同时只是将手举起，似乎想要捂嘴，但手离嘴部还有一定距离，像这样的“伪装型”的捂嘴也是我们在沟通中要注意鉴别的。

（2）抿嘴。心理学家通过研究发现，如果一个人在沟通时常常喜欢将嘴唇紧紧抿成“一”字形，这往往说明这个人的意志比较坚定，有种不达目的誓不罢休的韧劲。另外，紧抿嘴唇也可能是一种自我抑制的表现，很可能代表这个人正在极力控制自己，不想让自己心中的一些隐秘暴露于人前。

了解笑容，看透心理变化

笑是人类之间交流的基本方式之一，它的类型有很多种，如常见的大笑、微笑、浅笑、捂嘴偷笑等。不同的笑容能够反映人们不同的内心感情，也能够传递出各种各样值得推敲的信息。

为了获取笑容背后的信息，信息分析专家吉姆·罗布茨曾经观察过不下百份的笑容样本，并由此得到了很多有益的经验。他曾经这样说道："如果我们仔细去观察一下人们的笑容，就能从中发现他们最真实的想法，有时甚至能够勘破他们的犯罪动机。"

2014年，罗布茨曾参加过一起系列谋杀案的调查工作。该案是围绕一个当红偶像明星尼克·米勒发生的。尼克是美国著名的说唱歌手，他不仅歌唱得好，长得也是一表人才，拥有众多的疯狂女粉丝。尼克对于主动向自己示好的粉丝也是来者不拒，为此曾传出不少花边新闻。可令人奇怪的是，跟他有感情纠葛的女性大多会遭遇谋杀，不幸身亡。

这件事引起了大众的关注，尼克一时间也成了众矢之的，媒体纷纷用怀疑的态度连续刊发了多篇对他有攻击性的文章，让他苦恼不已。于是当罗布茨上门的时候，尼克表现得十分坦诚，他将自己知道的一切原原本本地吐露了个干净。在尼克说话的同时，罗布茨一直在认真地观察他脸上的每一个表情，看到他说起自己的遭遇时，脸上带着一抹无奈又狼狈的苦笑，罗布茨便有很大的把握认为尼克不是凶手。

但是罗布茨也知道凶手必定是个与尼克有密切联系的人，而且对尼克的私生活必定十分熟悉，否则就不会出现尼克刚刚与某个女孩约会，第二天女孩就被人从屋顶推落的事情。于是罗布茨开始将注意力转向尼克的经纪人和他身边的几位助手。他分别与这几人进行了多次对话，其中一位年轻的女助理薇薇安为罗布茨提供了一个重要的线索——尼克有一个疯狂的女粉丝，只要有尼克出席的场合都会出现她的身影。有一次为了争抢一个靠近尼克的座位，这个女粉丝还与别人大打出手。更可怕的是，她还在推特（Twitter，美国著名的社交网站）上公开表示“尼克是她一个人的，不允许别人觊觎”。

掌握线索之后，罗布茨派人控制了该女粉丝，并准备对她进行详细的讯问。可就在他把这个消息告诉尼克的时候，他发现站在一旁的薇薇安脸上露出了一抹带着得逞味道的嘲笑。罗布茨立刻大声对她说道：“真正的凶手其实是你，对吗？”薇薇安在毫无心理准备的情况下，被罗布茨一举揭穿，顿时大惊失色、浑身颤抖。接下来罗布茨对她进行了讯问，得知了事情的真相。原来薇薇安才是最想独占尼克的那个人，出于强烈的嫉妒心理，她残忍地杀害了每一个想要接近尼克的女子。虽然她行事的手法非常巧妙，没有留下什么痕迹，可是在一时兴奋之中，她竟忘记了掩饰自己的笑容，结果被罗布茨看穿了真相。

在这个案例中，罗布茨通过解读嫌疑人的笑容，找到了案件的真凶。

这也提醒了我们，在与他人沟通时，要想捕捉一个人内心喜怒哀乐的真实想法，从而与其更好地沟通，我们就一定要留意他脸上千变万化的笑容。

破案专家通过大量的实验，总结出了以下一些解读笑容的经验：

1. 解读不同的笑容表情

不同的笑容代表了不同的情绪和心境，具体可以从笑容本身以及眼睛、眉毛等处的变化来进行分析。

（1）快乐的笑容。嘴角拉开，露出牙齿，眼睛周围出现褶皱，眼尾向上弯起，表情看上去非常愉悦，眉头完全舒展开来，表明此刻内心的情绪非常轻松、快乐。

（2）善意的笑容。嘴角微微上扬，牙齿常常并不外露，脸上带着真诚的表情，目光也非常柔和，这种笑容常常是一种释放善意的表现。

（3）痛苦的笑容。嘴上带着笑意，但嘴角下拉，鼻翼两侧的皮肤皱起，眉头也常紧蹙在一起，可以让人很明显感觉到是勉强挤出笑容，其实心情十分不佳。

（4）嘲弄的笑容。笑时眼睛周围没有褶皱，眼尾也没有向上弯起，同时有嘴角向一侧下撇的情况。有的人在发出嘲笑时还会伴随轻蔑的“哼”等短促的声音，一听便可感觉到此刻他心中非常不屑、不满。

（5）尴尬的笑容。笑的表情不自然，颧骨部分的肌肉会有僵硬感，同时还可能会有脸色泛白、脸色潮红等情况，说明此时心情比较尴尬、难堪，很想马上摆脱当前的处境。

（6）害羞的笑容。笑时脸色发红，但表情比较自然，不感觉扭曲。同时目光会向下，不敢直视对方的面孔，另外还可能会有捂脸或捂嘴的动作，说明此刻心中有羞怯感，觉得很不好意思。

2. 解读不同的笑容幅度

笑容幅度的大小有时能够反映对方的性格是外向还是内敛，而笑容的幅度可以从笑时嘴唇开合情况来进行分辨。

（1）笑不露齿。经常在发笑的同时紧闭嘴唇，尽量不露出牙齿，说明他不喜欢表露自身情绪，是性格比较内向、容易羞怯的人。

（2）开口大笑。喜欢开口大笑、露出整排门牙的人性格比较开朗活泼，平时也表现得比较直率，喜欢与他人交好，往往会被人们当作“热情的人”，不过这样的人也常常会有情绪变化过于激烈、喜怒无常的一面。

（3）嘴唇微张。嘴唇微张的笑容可以分为多种情况，在具体分析时还要结合嘴角、眼角的变化来综合评判。比如嘴角上扬，但眉毛和眼周围的肌肉却不动，这就属于假笑，经常这样假笑的人会给人留下不够真诚、虚伪的印象。破案专家在遇到假笑者的时候总是会格外警惕，会结合他们的言谈举止来综合分析他们的证词到底有多大可信度。

3. 解读不同的笑声

在观察笑容的同时，破案专家还会仔细倾听对方的笑声，因为笑声也能反映一个人的性情和他当时的心理变化。

（1）无声的笑。破案专家认为，那些在笑时不发出声音的人，可能会有性格保守的特点，他们会表现得比较内向谨慎，容易害羞，遇事还容易产生胆怯心理。这样的人也喜欢深深隐藏内心的真实想法，所以别人一般很难捉摸透彻他们的心思。

（2）笑声爽朗。笑声爽朗的人，性格往往也比较坦率、真诚，为人比较热情，做事常常有干脆利落的特点，不过有时也会出现过于冲动、感情用事的缺点。

（3）笑声柔和。这类人性情一般比较温柔、稳重，他们遇事常常能够保持冷静，显得老成持重、通情达理。

（4）笑声断断续续。那些笑声断断续续，听上去不大自然的人，常常会被视为“不够真诚、不值得信任”，而且这样的人还可能有性格冷漠的特点。

需要提醒的是，在用笑容探索他人的心理变化时还要综合多方面的因素，如要结合其举手投足的动作以及话语等来进行分析。另外，我们还要注意环境氛围、人际关系等因素也会对笑容产生影响，所以在判断时不要简单地下结论，而是应该综合多种因素后才能得出更加准确的结果。

观察双手，获取更多线索

手是人体最有特色的部位之一，它不仅能够用于抓握东西、操控工具、触摸他人，各种或明显或细微的手部动作还能反映出内心的思想和情感。行为分析专家杰夫·查贝尔指出：“手是人体神经末梢最多的地方之一，它的触觉、温觉和痛觉等都非常敏锐。人们的脑神经会传递到手上，因此，很多时候，人们的手势会暴露他们的潜意识。”

正是因为这样，破案专家在与形形色色的对象进行沟通时，就会十分认真地观察他们的双手，注意手部的各种动作以及他们在握手时的表现，而破案专家也确实发现，很多时候，手势可能比语言更能表露人们的心意。

在查贝尔的研究记录中，有这样一个案件令他印象非常深刻：

2013 年，查贝尔参与侦破了一桩社会影响非常恶劣的失踪案。在该案件中，失踪者是一名在美国参加访问交流的 18 岁日本女生。监控录像显示，这名女生在外出返校的途中，遇到了一辆黑色轿车，并自行上车离去，从此再也不见踪影。

警方根据轿车车牌找到了车主——该女生参加的研修班上的一名男同

学理查·奥苏利文。但是经过多次审讯后，奥苏利文坚持声称他只是出于好意，邀请了这位准备步行返校的女孩上自己的汽车，而且女孩上车后没多久，就想去街边的小店买东西，所以他就在一个路口将女孩放下了，至于之后女孩到底发生了什么他完全不知情。

在奥苏利文口供中指出的那个路口恰好没有安装摄像头，所以警方无从证实他到底有没有说真话。随着时间一天天过去，女孩始终没有下落，她的家人、朋友通过媒体发表了很多指责警方无能的消息，让警方感到十分被动。

接手这个案件后，查贝尔和同事对奥苏利文进行了集中审讯。事实上，经过连番的讯问后，奥苏利文的精神已经非常疲惫，他面容憔悴、胡子拉碴，整个人看上去十分烦躁，似乎已在崩溃的边缘。

见到他状态如此不佳，查贝尔便从口袋里掏出了一盒香烟，对奥苏利文说："抽一支吗？"奥苏利文大概已经很久没有遇到这样和颜悦色的警探，有点惊讶地点了点头。查贝尔便亲自给他点上了一支香烟，看着他用戴着手铐的右手夹着香烟，放进嘴里用力吸了一口，同时脸上露出了陶醉的表情，整个人也变得松弛多了。

查贝尔看到这种情况，这才开始不紧不慢地提问，他先是问了些与案情没有直接关联的问题，奥苏利文一边吸烟一边回答，沟通也还比较流畅。见气氛越来越好，查贝尔便试探性地问："你觉得池田（失踪的女生姓氏）怎么样，她漂亮吗？你喜欢她吗？"就在这时，查贝尔发现奥苏利文拿烟的手剧烈地颤抖了一下，以至于香烟都掉到了地上。

查贝尔心中有数，也不等奥苏利文回答，就继续问道："那天你是不是一直开着车跟在池田后面，等了很久才鼓起勇气邀请她上车？"听到查贝尔的问题后，奥苏利文的脸上露出了痛苦的表情，他的双手紧紧握在一起，手背上的青筋都凸显出来，他徒劳地辩解着："没有，我真的没有，我是偶然在路上看到她的。"

查贝尔用同情的目光看着他说："我觉得你最初可能没有任何想要伤害她的打算，只是想和她套个近乎，交个朋友，可是她的反应太激烈了，于是你……"听到这里，奥苏利文大叫起来："不要说了，求求你不要说了……"与此同时，他的双手紧紧捂住耳朵，指尖因为过于用力变成了苍白的颜色。

查贝尔叹了口气，与身边的同事交换了个眼神，他们已经可以肯定，日本女孩池田应该已经遭遇了不幸，而凶手就是眼前的奥苏利文。

经过这次审讯后，奥苏利文的心理防线被彻底攻破，他很快就将自己的作案动机和作案经过一五一十地交代清楚，而事实确实正如查贝尔所料。

在这个案例中，查贝尔正是依靠认真观察嫌疑人双手的各种动作，再结合其神态、行为举止等，识破了他心中不可告人的秘密。由此可见，我们在沟通中一定不能忽略对方的双手，要认真琢磨其中透露的信息，了解对方在当下的心理变化。

那么，我们能够从双手的各种表现中解读出哪些有价值的信息呢？

1. 双手手心的方向

人们在沟通的过程中，双手的摆放方式会随着自己所说的话语内容和内心感受发生变化，这时我们可以通过观察其手心向上还是向下的变化来解读其内心。

（1）手心向上。

在沟通中，手心持续向上常常表示服从和妥协的意愿，如人们会在表示无奈的时候做出摊开双手、手心向上的动作，同时还有可能配合耸肩、皱眉等表现，以表达一种“我也没有办法，只能如此”的感情。

另外，在向他人表示邀请、释放善意的时候，也可能会出现手心向上的手势，如破案专家在邀请证人吐露更多证词的时候就可能单手做出这样的手势。

（2）手心向下。

心理学家认为，沟通中手心持续向下，往往是一种权威、压迫的表示，是希望自己能够对他人产生影响力的一种表现。比如，上级领导在布置任务时，可能会对下属做出这种动作，下属对此也习以为常。不过，倘若平级之间做出这样的动作就不够妥当，对方也可能会因此而感到不悦，会影响沟通的正常进行。

2. 摩擦双手

在沟通过程中，人们往往会出现不自觉的摩擦双手的表现。这常常代表心中比较兴奋、紧张，不过有的时候，摩擦双手也可能代表其他的意义，具体可以从以下几点来进行分析。

（1）摩擦双手的速度。

如果在沟通中看到对方在快速摩擦双手，可能说明对方比较兴奋，或是非常期待某件事情的发生；而假若他只是慢慢地搓着双手，同时脸上的表情“阴晴不定”，那就说明他此刻多半处于一种犹豫不决、摇摆不定的心理状态。

（2）摩擦双手的幅度。

在摩擦双手时，动作幅度较大，涉及整个手掌，这可能意味着一种期待、兴奋之情，但若是摩擦时只有拇指和食指的指尖接触和摩擦，而掌心并不接触，则可能意味着一种乞求的态度。比如在韩国，有时人们在做错事后，为了乞求他人的原谅，就会做出这样的动作。

3. 紧握双手

双手紧紧地握在一起，有时可以表现一种自信的心态，一般在做这种动作的时候，人们的脸上常常会带着自信的微笑。可要是脸上的表情非常痛苦，又在用力紧握双手，则表示内心极度焦虑、痛苦、为难，他可能需要借助紧握双手的动作来帮助自己排解心中的负面情绪。

除此以外，破案专家还提醒我们在握手时也要注意对方手部的各种表现，一般根据握手的力度、手握的位置等细节，都可以分析出对方此时心中的一些想法。

（1）握手只握指尖。

如果我们在沟通中主动向对方伸出了手，而对方却只是轻轻握住了我们的指尖，而且手握力度很轻，这可能表示对方的戒备心理较强，对我们不够信任，并希望和我们保持一定的距离。破案专家在与证人沟通的时候，如果发现对方有这样的表现，就会很自然地将身体向后倾，或后退一步，以满足对方想要保持距离的意愿，这样在接下来的沟通中对方就会觉得比较舒服，沟通的效果也会变得比较理想。

（2）握手过于用力。

有些人在握手的时候，往往力气大得惊人，他们喜欢用力握住他人的手，并且持续较长时间，而被他们握住手的人则难免会因此觉得很是痛苦。这种喜欢用力握手的人往往很有主见，有时还可能固执己见，而且他们也不太重视别人的感受，过于用力的握手就像是在帮助他们传递出一种轻慢、看不起他人的信号。

（3）在握手的同时下拽对方的手。

有一些控制欲望强烈的人，在握手的时候不但用的力气很大，有时还喜欢攥住对方的手掌，一边握手一边用力向下拽或晃动。这样的握手除能够表示他们非常自信外，还可能表示他们有想要控制、钳制对方的欲望。

（4）握手时双手并用。

一般握手时伸出一只右手即可，但有的人却喜欢双手并用，同时握住他人的双手，这常常表示一种十分热情的态度，是渴望释放好意的表现。

4. 双手手指的动作

（1）十指交叉。

在不同的环境背景下，十指交叉所代表的含义是不同的。比如，喜欢将十指交叉于胸前或腹部的人通常在沟通时兴致比较高，情绪也比较积极，而且对自己所说的话语充满了信心。相反，那些喜欢在沟通时将十指交叉于腹部以下的人一般显得比较低落、消沉，做出这样的动作可能表示他们的内心不够自信，或缺乏一定的安全感。

（2）尖塔式手势。

顾名思义，这种手势就是双手手指张开，然后一对一地在指尖处相碰，而两个手掌之间则没有接触，双手摆出的形状看上去就像是教堂的塔尖。喜欢做这个动作的人通常对自己非常自信，而且有一定的优越感。比如，破案专家在审讯嫌疑犯的时候，常常会不由自主地做出这种动作，特别是在嫌疑犯所说的证词明显非常虚假或荒谬的时候，他们就更有可能做出这样的手势。另外，在职场中，上级与下级沟通时，也可能会使用这样的手势。

（3）手指插兜。

如果在沟通中，对方先是做出了尖塔式手势，但之后又迅速地撤回手势，将手指塞进口袋，这可能表示他之前只是在虚张声势，实际内心十分惶恐。而当谎言被揭穿之后，他就会用插兜的动作来掩饰自己心中的情绪。这种情况在审讯嫌疑人的时候常常会出现，对于这样的说谎者，破案专家往往会对他们所说的证词持怀疑态度。

（4）手指弹动。

在沟通时手指不停地弹动，可能表示他的情绪比较紧张、无所适从。如果此人正坐在桌前，他还可能用几个手指轮流在桌面上不时敲打，做出弹钢琴般的动作，这往往代表他已经很不耐烦，所以手指才会下意识地做出这种动作，好让自己所感受到的压力能够减轻一些。

5. 双手触摸不同的部位

在沟通的过程中，人们还可能一边说话一边用双手不时地触碰身体的一些部位。破案专家认为，这些双手的小动作也能够反映出心理状态。

（1）手托下巴。

双手托下巴的动作常见于女性，如她们在面对心仪的对象时，常常喜欢将双肘支撑在桌子上，然后双手搭在一起，再把下巴轻轻搭在由双手组成的“托盘”上，同时目光专注地凝视着对方。此时她们心中一般充满了对对方喜爱、倾慕的情感。

不过，单手托下巴的动作要表达的情绪则可能与此相反。行为分析专家发现这个动作可能表示人们对当前所谈的话题感到无聊、厌烦，此时他们就可能会自然地垂下头，同时用单手托起下巴，眼神则无聊地看向别处。

（2）手捏鼻子。

一位身体语言专家曾经指出，在沟通中不知不觉地捏鼻子的人可能很不自信，在他说出自己的意见和看法的同时，他也很害怕会被别人否定，所以他会不由自主地做出捏鼻子等动作，以帮助自己排遣压力。

（3）手拍头。

一般而言，当人们在对某事感到非常懊悔，出现强烈的自我谴责心理的时候，就可能会用双手大力拍打自己的头部，表情也显得非常痛苦。不过破案专家还注意到，有时嫌疑人在不想被继续追问的时候，常常也会自暴自弃地猛力拍头，好像是在说："不要再问我这样的问题了。"此时破案专家就会知道这类问题极有可能会成为案情的突破口。

类似这种情况的还有手捂耳朵，如本节案例中的嫌疑人在遇到自己不想回答的问题时，就用双手用力捂住耳朵，而这种逃避行为反而证明了他并不无辜。

研究站姿，掌握对方情绪

曾在白宫担任司法技术顾问的破案专家迈克尔·泰斯特曾经说过：“从一个人的站姿可以分析出他的心理信息和情绪变化。”的确，不同个性的人的站姿往往各有特色，而一个人在内心情绪发生变化时，站姿也常常会发生各种各样的变化。所以破案专家也会在与他人沟通时仔细地研究他们的站姿。

泰斯特曾经讲过这样一个与站姿有关的故事：

泰斯特有一位下属，名叫贝利，已经年满 35 岁，他工作能力很强，但就是一直没有遇到合适的结婚对象。于是贝利经常会出席一些社交聚会，希望借此能够遇到心仪的女孩。可遗憾的是，这样的场合他参加了不少，也和一些女孩成功地开始搭讪，可就因为不善于猜测女孩的心思，最终还是会遭到对方的拒绝。

时间久了，贝利觉得苦恼极了。他把自己的烦恼告诉了泰斯特，泰斯特也很同情这个能干的下属，就主动提出陪他一起去参加聚会，这可让贝利喜出望外，他正盼望着有专家能够给自己指点迷津呢。

第二天，泰斯特如约前来，陪贝利参加了一个聚会。贝利很快就在人群中发现了自己中意的目标，那是一位打扮优雅、举止大方的女士，年纪在30岁左右，看上去与贝利十分相配。贝利和泰斯特打了个招呼，就径直走向了女士，热情地与她交谈起来。贝利发现女士不太爱说话，但对于自己说出的话题，女士一直在注意倾听，脸上也带着迷人的微笑，有时还会简单地回应一句，这无疑让贝利大受鼓舞，他高兴地讲起了自己智斗匪徒的英雄经历，案件一个接一个，滔滔不绝，口若悬河。

就在贝利谈兴正浓的时候，泰斯特出现在他身旁，在他肩上轻轻拍了一下，把他吓了一跳，也让他停止了讲述。贝利用嗔怪的目光望向泰斯特，好像在责怪他不应该打搅自己的"好事"。没想到泰斯特却对他说："我碰到盖瑞了，他说有重要的事情要跟你说。"盖瑞是贝利的一个线人，贝利听到这个消息后，马上问道："他在哪里，我正准备找他呢。"于是泰斯特领着贝利匆匆离开，临走时，贝利没有忘记向那位女士道歉并告别，可就在这时，他看到那位女士长长地吐了一口气，好像刚刚摆脱掉什么麻烦似的，这让贝利感到有些不舒服。

跟着泰斯特一直走出了聚会现场，来到较远的地方后，贝利忍不住问道："盖瑞到底在哪儿呢？"泰斯特又气又好笑地看着他："我刚才骗了你，盖瑞怎么可能会出现在这种地方。"

贝利吃惊地瞪大了眼睛："那你为什么要把我叫走？你没看到我和那位女士谈得正开心吗？"

泰斯特摇头笑道："是你自己开心吧。你没有发现那位女士已经很不耐烦了吗？"

贝利更加迷惑了："不会吧，我觉得她对我的话很感兴趣，她一直在听，还不时地对着我微笑……"

泰斯特无奈地解释道："她对你保持着笑意，这只能说明她很有教养，不喜欢在别人谈兴正浓的时候出言打断。可是你没有用心研究她的站姿吗？我看到她先是将双手插入了风衣外套的口袋，后来又将双腿交叉在一起，还把脚尖指向你身体的右侧，这就表明她想早早结束和你的对话。当然，假如她将脚尖指向你身体的左侧，也是一个意思。既然她已经流露出了自己的心意，我何不趁早带你离开呢？"

听完泰斯特的话，再联想到自己离开时女士那副如释重负的表情，贝利有一种恍然大悟的感觉。他又不由得想起了自己以前那些搭讪的经历，似乎也是因为自己自顾自地说些女孩不感兴趣的话题，却没有考虑到她们的感觉，才引起了她们的反感，让沟通无法继续。

看着贝利沮丧的样子，泰斯特拍了拍贝利的肩膀，安慰他说："不要气馁，下次再遇到喜欢的女孩时，不要忘了多观察她的站姿，如果感觉她有些不耐烦，就赶紧换个话题，想办法说些她可能会感兴趣的事情，她就会喜欢和你沟通了。"

上面这个故事提醒我们在沟通时一定不能忽略对他人站姿的研究，这可以帮助我们看清他人的真实想法。那么，站姿中到底透露了哪些值得我们研究和学习的信息呢？

1. 站姿分析：上半身动作与姿态

（1）站时抬头挺胸、双目平视。

以这种站姿站立，能够给人以自信、充满朝气的印象。一般在一些正式的场合采取这种站姿也比较符合社交礼仪。不过要是在一些非正式场合也一直挺直上身，保持这种站姿，就会给人以刻板保守、不懂变通的感觉。

（2）站时含胸收腹、背部弯曲。

经常采用这种站姿，会给人以不自信、无精打采的印象，也会让人觉得比较随意。如果同时还有眼神漂移、表情僵硬、头部下垂等表现，则可能表示此时心中有紧张、恐惧等情绪。

（3）站时双手插入口袋。

如果在沟通中发现对方将双手插入口袋，这可能说明他对当前的话题不感兴趣。但如果对方是经常做这种动作，则常常代表他的思维比较缜密，习惯于三思而后行。此外，如果他在双手插入口袋的同时，脸上出现了一些生气、愤怒的表情，则可能代表一种攻击性的姿势，说明当前的话题已经触碰到了他的底线。

（4）站时双臂交叉抱于胸前。

在沟通中对方突然摆出这种姿势，常常表示他出现了较强的防御心理，可能是目前正在沟通的话题让他感受到了威胁，所以他不由自主地摆出了这种姿势，好为自己划下一道“防线”。

（5）站时双手叉腰。

习惯于这种站姿的人往往是比较自信的，他们在心理上会觉得比沟通对象更具有优势，所以他们会下意识地采取这种向外扩张的站姿，以占据更多的空间，有时他们的双脚也会适度分开，显得很有威严。

（6）站时双手背于身后。

这种站姿是一种比较自信的姿势，常常代表一个人对某事胸有成竹，能够顺利地把握全局。比如，一些身居高位的领导在与下属沟通时就常会采用这种站姿。

（7）站时上身靠墙。

总是喜欢靠着墙、靠着门讲话的人可能会有不够独立、不够自信的特点，所以他们会下意识地在沟通时寻找一个倚靠物，好让自己获得一些安全感。

2. 站姿分析：腿部动作与姿态

（1）站时一条腿直立支撑身体，另一条腿弯曲或倾斜。

采取这种站姿的人看上去有些不太认真，显然是对当前所谈话题不感兴趣或是不能完全赞同。不过在有的情况下，有些人可能会因为感觉拘束或是缺乏足够的自信而采取这种站姿，所以我们在分析时也要注意结合当前的沟通情境。

（2）站时双腿交叉。

在沟通中采用这种站姿可能表示对方比较疲惫，还可能表示对方对当前的话题不感兴趣，甚至已经到了不耐烦的程度。此时对方往往还会有抱着双臂或是用手摸脖子等处的表现，同时目光也会望向别处。遇到这种情况，要及时转换话题，以免影响沟通的正常进行。

3. 站姿分析：脚部动作与姿态

脚部呈现的姿态虽不如其他部位明显，却很有可能传递出最真实的信息。

（1）站时双脚并拢。

如果一个人习惯于这样的站姿，就反映出他性格上可能带有谨小慎微的特点，而且他可能会有追求完美的一面。

（2）站时双脚转向。

在沟通中，如果发现对方的双脚开始转变为另一个方向，这往往说明对方已经迫不及待地想终结这次谈话，并想要离开现场。

第五章

攻破防御，巧妙引导对方情绪

换位思考，尝试打动对方

换位思考就是要站在对方的角度思考问题，设身处地地为对方着想。它可以帮助我们更好地理解对方的想法，然后在此基础上与对方沟通，就可以改善我们与对方之间的关系，并能够让对方受到感动而对我们生出不少好感。

这一点对于破案专家来说也非常重要，破案专家格雷格·迈卡瑞就曾经这样说道："在面对那些态度强硬的犯罪分子、嫌疑人的时候，我们不能用'硬碰硬'的手段与他们沟通，因为那反而会让他们的情感受到刺激。其实我们可以试试换位思考的办法，站在他们的立场上去思考问题，找到他们关心和在意的东西，由此出发去沟通就更容易攻破他们紧闭的心门。"

在下面这个案例中，迈卡瑞就靠着换位思考的办法打开了一个犯罪嫌疑人的心扉。

2012 年，警方在马萨诸塞州伍斯特市抓获了潜逃 8 年之久的命案嫌疑人凯伦·威利斯。在 8 年前的一天夜里，威利斯在得克萨斯州的达拉斯市杀害了自己的养父、养母、哥哥三人，然后连夜潜逃。在这 8 年中，她在美国多个州辗转逃亡，还以杰西卡·奥布莱恩这个名字来掩饰自己的身份，并靠着做餐馆招待、加油站服务员之类的工作来谋生。

警方在伍斯特找到她的时候，她已经是一个孩子的母亲。当警方把她从孩子和丈夫面前带走时，威利斯虽然没有反抗，但流下了懊悔、伤心的泪水。在警方对其进行讯问的时候，她一口咬定自己就是“杰西卡·奥布莱恩”，不知道什么“凯伦·威利斯”，更没有用残忍的手段杀害任何人，这不禁让案件进入了难以推进的胶着状态。

迈卡瑞是在威利斯被捕一个星期后参与讯问的，在与威利斯见面之前，他一直在思考她到底是一个什么样的女人，究竟有多大的仇恨让她能够向自己的养父母举起屠刀，后来通过当年的一些证物以及走访当时的邻居、办案警察等证人后，迈卡瑞对威利斯的犯罪动机有了一定的认识。等到他见到威利斯的时候，发现她虽然憔悴不堪，但容貌称得上清秀动人，在年轻时应该算得上是个美人。迈卡瑞和蔼地问道：“威利斯，你还好吗？身体还受得了吗？”对于他的关心，威利斯毫不动容，她抬起头来冷冷地说：“别叫我威利斯，我已经说过很多遍了，你们抓错人了。”

面对这个顽固的女人，迈卡瑞开始思考如何才能走进她的内心。于是他想了一个办法，他说：“威利斯，我给你讲个故事吧。我也不知道故事的真假，但这是我把自己代入某人的角色后所能够想到的最合理的解释。我听说达拉斯市有一个可怜的女孩，她虽然被人领养，但一直过着凄惨的生活。她的养父养母不但奴役她，还侮辱她的人格。更可怕的是，她的哥哥也是一个地地道道的禽兽。有一天，哥哥喝醉了酒，对她进行了惨无人道的侵害。她整个人都崩溃了，像疯了一样举起了厨房的刀子……”

迈卡瑞讲述的时候，看到威利斯的双手不停地颤抖着，她用力扯着自己的衣角，呼吸越来越急促，眼中也流下了痛苦的泪水。

迈卡瑞停止了讲述，用同情的目光望着她，问道：“你认识故事中的主人公吗？”威利斯咬着牙，用艰难的语气说：“不，我不认识。”

迈卡瑞叹了口气道：“其实DNA的鉴定结果已经出来了，你再辩解也是于事无补的，何不说清楚事实，积极配合我们，这样还有从轻判决的可能，难道你不想念你的孩子吗？我刚才还见到他和你丈夫，他们一直在问你的情况，看上去对你十分关心。”

说到这里，威利斯的热泪夺眶而出，迈卡瑞的话完全攻破了她的心防，让她没有办法继续隐瞒。终于，她在短暂的沉默后，开始主动交代了：“我承认我是凯伦·威利斯，我为8年前的凶杀案负责……”

在这个案例中，迈卡瑞能够通过换位思考，切身体会嫌疑人的感受、想法，才能说出一番入情入理的话语，让嫌疑人的内心不断受到强烈的触动，无法再继续隐瞒事件的真相，沟通也达到了应有的目的。

我们在日常生活、工作中，如果遇到对方难以沟通的情况，也不妨学习一下破案专家的沟通艺术，尝试采用换位思考的方法，将自己的内心世界、情感体验、思维方式等与对方联系起来，使对方有一种被理解的感受，就能够搭建起一座沟通的桥梁。

在进行换位思考的时候，我们需要注意以下几点。

1. 带着宽广的胸怀去沟通

我们在与对方沟通时，难免会出现矛盾和分歧，这时如果锱铢必较、争执不休，就会让矛盾激化，不仅会让沟通陷入僵局，还会引起对方的不满甚至记恨。其实这时我们就可以试着换位思考一下，看看对方之所以会有这种行为的原因。如果我们能够设身处地为他人着想，我们就会发现事情并没有原先想象得那么难以接受，这样我们就更容易在言语中表现出宽容和忍让的态度，而这种态度也能够让对方受到感化，那么所谓的矛盾也就会迎刃而解。

2. 学会理解他人

每个人都有自己的人生观和价值观，他们看待问题的方法和角度不一定会和我们相同。对此我们不必强求一致，也不要试图把自己的观点强加于对方，而是应当强化自己换位思考的意识，试着用他人的思维去思考同一个问题，或许我们就能看到不同的结果，这样我们就能真正地理解对方了。

不过，我们在进行换位思考的时候，一定要注意避免主观臆断，不能完全从自己的角度出发去想象对方的情况，这样的假想是不具有客观性的。为此，我们在做换位思考前应当尽量多收集对方的信息，了解对方所处的真实环境和他们当前的心态，这样就更容易理解对方的做法了。比如本节案例中的迈卡瑞为了弄明白嫌疑人的作案动机，就走访了大量的证人，还与当年负责办案的警察沟通，收集了大量信息，这才能够做到一出口就逼近真相，并能够让嫌疑人深深为之触动。

3. 学会自我检讨

破案专家还提醒我们："在自己不能认同对方观点的时候，先不要贸然反驳，而是应当冷静换位思考一下，看看对方是不是有什么合理的理由，而我们自己是不是有什么地方考虑不周。"总之，在与他人沟通时，我们要树立大局意识，要多从对方角度想问题，主动诚恳地接受批评，并要有自我批评的勇气。而在与人发生矛盾时，不要总把目光盯在他人身上找原因，也要从自己身上查找问题，这将让我们赢得对方的信服和好感。

需要提醒的是，换位思考是为了更好地理解对方，而不是完全迁就对方的意愿。事实上，如果对方的做法、想法、意见有不妥当的地方，我们也应当委婉地指出，而不能没有原则地让步和妥协，那样只会让我们离沟通的目标越来越远，所以应当坚决避免。

适度赞美，“捧”出真心话

人们都喜欢听好话、赞美的话，学会对他人说赞美话，无疑会为我们与他人顺利沟通提供不少“润滑剂”，也可以帮助我们攻破对方的心防，让他们减轻过强的戒备心理，因此，我们可以将赞美看成一种很好的攻心技巧。

破案专家理查德·泰尼恩这样说道：“我们在与嫌疑人沟通的时候，不一定总是要疾言厉色地对其进行恐吓，因为那反而可能会激起他们的逆反心理。所以有的时候，我们不妨选取最合适的时机，适度地对他们进行赞美，这样反而能够让他们的内心受到触动，并有可能‘捧’出他们的真心话。”

泰尼恩曾经用下面这个案例来证明自己的观点。

2015 年，马里兰州巴尔的摩市曾经发生了多起银行遭到网络攻击、客户信息被黑客窃取的案件，通过技术分析，警方发现其中一些攻击是来自境外的黑客组织，不过他们在美国境内也有自己的同伙。

警方花费了大量时间进行调查，在线人的帮助下，逐渐将目标锁定在一个叫马库斯的电脑高手身上。马库斯是三年前搬到巴尔的摩市的，他看上去其貌不扬，戴着一副黑框眼镜，说话一本正经，一副老实无害的样子。可是调查人员在跟他接触后，感觉他隐瞒了不少真相，但是无论他们如何逼问，马库斯就是一口咬定自己与此事无关。在案情停滞不前的时候，泰尼恩接手了这个案子。可是到底应该怎么做，才能让马库斯主动说出实情呢？泰尼恩经过一番冥思苦想，终于想到了一个好主意。

泰尼恩了解到马库斯非常喜欢电竞游戏，也知道他经常出没于某个专业网吧，于是泰尼恩决定由此入手，利用马库斯从来没有见过自己这一点优势，想办法接近他，与他进行近距离的沟通。

这天，泰尼恩来到了网吧，看到马库斯正在一个角落里玩游戏。泰尼恩不露声色地走了过去，在他旁边坐下，也开始玩这款游戏。没过一会儿，马库斯打完了一局游戏，注意到身旁的泰尼恩，便饶有兴趣地看了一会儿他的操作。很快，马库斯被泰尼恩拙劣的技术逗得哈哈大笑起来，他忍不住主动对泰尼恩说："我的天，你这样不是白给对方'送人头'吗？"

听着马库斯的嘲笑，泰尼恩一点也不生气，反而愉快地笑着回答："我的技术确实糟糕，要不你教教我吧，我感觉你技术很不错。"

泰尼恩的赞美让马库斯非常受用，他自豪地笑道："你说得没错，我可是在电竞大赛上取得过名次的人，来吧，让我教你几招。"

泰尼恩连忙让开座位，马库斯不客气地坐下，开始熟练地操作起来，果然，在他的指挥下，泰尼恩的游戏角色一连胜利了好几局。泰尼恩装出一副惊讶的表情，用佩服的语气说："你是怎么做到这一点的，我的天，你的技术真是出神入化，我从没有见过这么棒的操作！"

"呵呵，这不算什么。"马库斯摇头笑道，其实心里早就乐开了花。

看到马库斯飘飘然的样子，泰尼恩巧妙地赞美道："你太谦虚了，我也认识不少电脑高手，你绝对是顶尖的。我那些朋友，他们就知道用网络去黑别人的账户，或是查人家的信息，可在游戏方面，他们绝对不如你。”

“哈哈！你说得太夸张了。我的游戏水平也就是一般，不过要说到黑客技术，不敢说全美，在马里兰州我绝对是数一数二的。”马库斯被泰尼恩“捧”昏了头，不由自主地说到了关键问题。

泰尼恩心中一阵狂喜，但他却不露声色地说：“嘘，你小声点。我听说警方最近正在调查银行网络攻击案，你还是低调点吧。”

对他“好心”的提醒，马库斯嗤之以鼻：“怕什么，那件事就是我做的，不过我的手法非常巧妙，而且我们的服务器在境外，只要我咬死了不承认，他们拿我一点办法都没有……”

马库斯不由自主地讲出了很多实情，泰尼恩听得差不多了，就面色一改，掏出了自己的证件，在马库斯面前晃了晃，并严肃地对他说：“实在抱歉，刚才你所说的一切我已经录下来发到局里了，现在请你跟我回去协助调查。”

马库斯这才知道自己上当了，他又惊又气，可是一句话都说不出来。

在这个案例中，我们可以看到，在沟通中抓住时机对对方进行赞美，可以满足对方的自尊心、荣誉感、成就感，这往往能让对方为之深深陶醉。在这种情况下再对对方进行有技巧的话语引导，就能够让对方打开心扉，说出不少真话。

不过，想要让赞美能够切实发挥作用，就需要遵循一定的原则，这样才能说到对方的心坎上，让对方感觉真实。在此，我们可以参考破案专家在赞美时常用的一些经验。

1. 用实事求是的话语去赞美

想要让对方在听到赞美后获得内心的触动，我们就应当认真思考一下措辞。要先自我感受一下这种赞美的话语能否让对方产生愉悦的心情。如果对方觉得赞美话听上去很虚伪，不够实事求是，那么他们就会不为所动，甚至还会觉得反感，这就会失去赞美的意义，甚至还会弄巧成拙。所以我们一定要在事实的基础上赞美对方，可以适度抬高，但一定要避免浮夸。

2. 用具体、深入的语言去赞美

赞美时如果只是用泛泛的语言进行夸奖，就很难给对方留下深刻的印象，如在上面的案例中，如果泰尼恩只是泛泛地说上一句："马库斯，你真是太棒了。"像这样的赞美就是不具体的，也不会让对方被深深打动。而从对方最为得意的事情出发去进行具体的赞美，就让对方爱听，而且感受也更加深刻。

3. 赞美要配合热情、真诚的态度

我们可以想象一下，用干巴巴的语言、面无表情的赞美是否能够让对方受到触动，答案显然是"不能"。因为对方会觉得我们不够真诚，他们甚至会被这种敷衍式的赞美激怒。所以我们一定要表现得非常热情和真诚，要让自己首先被深深地打动，然后才有可能去感染对方，使对方变得欣喜异常。

为此，我们可以在赞美时向对方微笑、点头，或者在对方不反感的情况下对他拍肩、拥抱等，这些表情、动作可以加强热情的态度，让对方能够获得一种被肯定、被赏识的感觉，也可以增进对方对我们的好感，有助于创设和谐、愉快的沟通氛围，让对方不知不觉地说出埋藏在心底的真话。

4. 赞美要注意尺度

赞美对方切忌没完没了、频率过高。赞美过度，会让对方心中升起怀疑的念头，他们可能会想到我们这是在有意地奉承，这样他们的戒备心理反而会有所加强，会对沟通的效果产生不利影响。所以我们应当学会控制赞美的尺度，要用适度的“好话”让对方感觉开心、自豪，然后注意适可而止，巧妙地引导对方说出真话即可。

除此以外，破案专家还提醒我们赞美要注意因人而异的原则。也就是说，我们必须根据沟通对象的特点来调整我们的赞美话，如对方年事已高，我们可以从他引以为荣的辉煌过去入手来进行赞美；而对于那些成功的商界精英，我们则可以从他们的事业、成就入手来进行赞美；对于那些功成名就的专业人士，则要赞美他们知识渊博、专业能力极强……只要我们的赞美话选择得法，再抓住时机与对方进行沟通，就能够产生事半功倍的理想效果。

甘当知己，卸下对方心防

俗话说得好，“千金易得，知己难求”，每个人生活在这个世界上，内心深处都渴望有一个懂得自己、欣赏自己的同类。就连那些狡诈、凶恶的犯罪分子也不例外，在他们的内心深处，同样渴望能够获得他人的欣赏和理解。

正因为这样，很多破案专家在审问一些顽固抵抗的罪犯时，都喜欢打“温情牌”。就像破案专家大卫·马丁内斯所说的那样：“在沟通过程中，我们不妨表现出对他人的赏识、认同之情，拿出甘当知己的态度去与人打交道，这样常常会让对方打消不少敌意，他们的态度也会变得平和，有利于我们开启他们的心门。”

在下面的案例中，马丁内斯就在与犯罪分子沟通的过程中，扮演起了“知己”的角色，让犯罪分子感到十分亲切，也愿意向他吐露更多实情。

2009年，警方破获了一起跨州抢劫盗窃案，并抓获了犯罪团伙的头目约翰·乔纳森。这个犯罪团伙已经在得克萨斯州、俄克拉何马州、堪萨斯州犯下多起罪行，他们专门选择当地一些知名的富商、政要的豪宅，想办法攻破豪宅的安保系统，然后入室抢劫、盗窃，将里面的艺术品、珠宝首饰、现金等财物洗劫一空。这伙犯罪分子在作案时态度极为嚣张，如果遇到受害人在家的情况，他们还会将受害人蒙上双眼，紧紧绑缚在失窃的贵重物品附近，好让他们能够切身感受贵重物品被人夺走的痛苦。

这些犯罪分子极为狡猾，警方为了抓捕他们，花费了不少的时间和精力，最后还是因为该团伙在一次作案中出现失误——一个歹徒用手枪射伤了受害人，才让警方得到机会，抓住了臭名昭著的约翰·乔纳森和他的几个手下，但开枪伤人的嫌犯却趁乱逃走了。

警方对乔纳森进行了突击审讯，希望能够撬开他的嘴巴，获知那个嫌犯的资料。谁知乔纳森的态度十分强硬，他拒不配合，说自己无论如何不会出卖一起出生入死的兄弟。

马丁内斯前来参加讯问时，正好听见乔纳森蛮横地向一位审讯人员叫嚷："你凭什么说我是杀人犯，我从来没有动过那些人一根指头。我不过是拿走了他们靠着剥削穷人获得的非法收入罢了，你们不但不应当抓我，还应当向我颁发英雄勋章。"

马丁内斯连忙走过来，用安抚的语气对乔纳森说："消消气，我的同事只是一时口误，你犯不着发这么大脾气。"

乔纳森见马丁内斯给了自己一个台阶下，便也不再故意挑衅了，而是骂骂咧咧地坐了下来。马丁内斯又给他端来了一杯热咖啡，态度友好地对他说："休息一下再回答问题吧。"

乔纳森感觉到了马丁内斯的好意，但他还是用抱怨的语气说道："哟，这可真是不容易，你竟然会给我这个嫌疑犯泡咖啡，我是不是该说声谢谢？"

马丁内斯爽朗地一笑："我要是说我其实很欣赏你，你信不信？"乔纳森吓了一跳，连忙观察马丁内斯的表情，发现他并不是在讽刺自己，而是确实对自己有看重之意，这让乔纳森觉得有些奇怪。

马丁内斯解释道：“你不知道你这个案子让我们头疼了多久，你在作案时的组织策划能力、布局天赋还有反侦查技术都让我非常佩服，还记得你在堪萨斯州的那起案子吗……我总觉得你是个了不起的人才，你要是走正途的话成就不可限量。”

马丁内斯对于乔纳森的研究十分到位，一番话更是说到了乔纳森的心坎上，他不禁感动地说：“我还是第一次听到这样的话，不管是真是假，我得说我确实很开心。”在这一刻，他甚至把马丁内斯当成了一位难得的知己，很想和他好好地对坐交流一番。

马丁内斯见乔纳森的心态发生了转变，便想办法将话题引向正题，他用惋惜的语气说：“我得说这次的案件是你犯罪生涯中唯一的败笔，你们其实不用开枪射击受害人的，当时他根本没有反抗的能力。”

乔纳森一听也慨叹不已：“谁说不是呢！你们也知道我一向强调‘只劫财，不伤人’的宗旨，可是当时情况太混乱了，我也没想到会出现这样的意外。”

马丁内斯皱着眉头说：“乔纳森，我很了解你，也很欣赏你，我相信你不会任由手下做那种伤害无辜的事情。可是我与受害人沟通过几次，他说自己只是试图保护一幅贵重的名画，就遭到了你手下的枪击，这无论如何不像你们的作风，你能说说到底是怎么回事吗？”

乔纳森犹豫了一会儿，还是开口说了实话：“你说得没错，开枪的人其实不是我的手下。我们这次行动中确实带了一个外人，他是我的兄弟杰克介绍来的，他们说他身手不错，我就想让他试试看，谁知他竟然带了枪，还不服从我的命令……"

马丁内斯一边听一边连连点头："原来如此，我就说你们不会做出伤害他人的事情。乔纳森，我为你不值，现在你为了保护一个外人，就要承担更多的罪名，而且你手下的那些兄弟也会遭受其害。虽说你是一个讲义气的老大，但是对这种随便伤害无辜的人讲义气难道不是一种浪费吗？"

马丁内斯所说的每一句话都能让乔纳森感到深深的认同，他陷入了沉思，在经过艰难的抉择后，他终于说出了伤人者的信息和住址，警方凭着这些信息将嫌疑人成功抓获。

在这个案例中，马丁内斯之所以能够成功地让油盐不进的犯罪分子卸下心防，并心甘情愿地说出实情，就是因为他在沟通中巧妙地扮演了一位"知己"的角色。他考虑到犯罪分子渴望被尊重、被欣赏的心理特点，不断地对他进行言语的迎合，使他感到受宠若惊，愿意将心中的话语对马丁内斯进行倾诉，所以沟通才能够达到如此理想的效果。

由此可见，我们在日常生活中，倘若不得不和一些性格比较执拗的人进行沟通，就可以使用这样的技巧，通过巧妙的言语让对方能够将我们视为"知己"，那么之后进行沟通就能够达到事半功倍的效果了。

那么，我们应当如何沟通才能让对方将我们引为知己呢？以下是破案专家在与各种各样的对象沟通时总结的一些经验。

1. 在沟通中进行"情感投资"

一位心理学家曾经这样说过："在沟通中，我们要尽力体会对方的情感世界，向其表示自己尊重、关怀、欣赏之类的感情，像这样的做法就可以称作'情感投资'。"这样的"情感投资"看似不起眼，但它却可以帮助我们与沟通对方建立起相互理解、信任和友好的关系，从而可以打下一定的情感基础，使对方将我们引为知己，而沟通中出现的一些棘手的问题也可以顺利地得到解决了。

比如在本节案例中，马丁内斯在与犯罪分子沟通时，就采用了为其泡咖啡、对其进行安慰，并称赞其才能，表现出对对方的欣赏之情等技巧，对对方进行了“情感投资”，消除了对方的戒备和对抗心理，沟通也顺利地进行下去了。

2. 提供出乎意料的情感关怀

心理学家通过研究发现，人们在接收到意想不到的感情关怀的时候，最容易被感动。比如，突然受到了巨大的关怀，或是在意想不到的时候得到了关心和照顾，都会让原本强硬的态度发生软化，而原本严密的心理防线也有可能被撼动甚至被突破。在本节案例中，这位犯罪分子本以为自己会遭到马丁内斯高高在上的盘问，但出乎他意料的是，马丁内斯竟然用平等、友好的态度对待他，还向他表示了欣赏和看重之意，这怎能不让他受宠若惊、感动不已，他会觉得自己居然找到了一位“知己”。在这种情况下，一直难以推进的沟通也获得转机。

3. 以情感语言促进沟通进行

在沟通过程中，当双方在心理上、地位上、立场上存在较大差距的时候，沟通的气氛往往会越来越沉闷，并有可能影响到沟通的最终结果。为了改变这种情况，我们不妨学习马丁内斯的做法——使用一些充满情感因素的语言，甘当对方的“知己”，使得双方的距离感得以消除，沟通也能够顺利进行。

比如，马丁内斯在说服犯罪分子的时候就多次使用了“很欣赏你”“很了解你”“为你不值”等充满情感的话语，把对方深深打动，这样的语言就比干巴巴地要求对方“你必须说出真相”要动听得多，也更容易获得对方的认可和理解。

需要提醒的是，在沟通中扮演知己的角色时一定要注意把握好“真诚”“适度”的原则，否则，过于刻意、生硬地表达自己的情感，不但无法感动对方，还会让对方怀疑我们的用心，结果就会弄巧成拙，这种情况是我们应当注意避免的。

适时揭短，动摇对方自信

俗话说："打人不打脸，说话不揭短。"就是说我们在与他人沟通的过程中要尽量体贴对方，不要随意揭露他们的短处，以免打击他们的自信和尊严，使他们感觉不快。不过，这句话也并非适用于所有的沟通情境，有时如果我们遇到了极不配合的沟通对象时，就可以采用"适时揭短"的办法，使他们的自信心受到强烈打击，之后他们的态度就会变得不再强硬，而沟通也就能够进行得更加顺利了。

破案专家在与嫌疑人、犯罪分子打交道的过程中，常常会用到"适时揭短"的办法来进行盘问。一位破案专家就说道："当遇到那种自命不凡、自诩为'天才'的犯罪分子时，我常常会用揭短的办法，让他们意识到自己并没有想象中的那么神奇，于是他们的精神会受到强烈的刺激，就像泄了气的皮球似的，这时我就可以对他们进行引导，并让他们配合我的讯问了。"

在下面这个案例中，破案专家就采用"揭短"的办法攻破了犯罪分子的心防，让他在灰心失望中无法再继续顽抗，并不得不交代了自己的犯罪事实。

1978 年，美国西北大学的一位教授接到了一个奇怪的包裹，在拆开包裹前，他注意到上面写着一行小字："小心，里面可能是炸弹！"教授本来以为是有人恶作剧，便将包裹交给了学校保安，谁知保安一拆开包裹就引发了爆炸。教授虽然逃过一劫，但保安的手臂却严重受损。事后当地警方虽然进行了一番调查，但却没有找到一点有价值的线索。

从那以后，美国很多高校都陆陆续续地收到过这种炸弹，后来这种炸弹更被送往了航空公司、电脑商铺等地。截至 1995 年，这些包裹炸弹共造成了 3 人死亡、23 人受伤。在此期间，有关部门一直在苦苦追查犯罪分子的踪迹，但始终没能产生突破性的进展。这名被称为"炸弹客"的犯罪分子显然智商颇高，也具备相当程度的反侦查技术，让探员们对其毫无办法。

1995 年，"炸弹客"亲笔写了一封信，寄给了《纽约时报》。他在信中声明，如果《纽约时报》能够原封不动地刊登他的论文《工业社会及未来》，帮助他一起宣传反对高科技的理念，他就同意结束炸弹攻击。在信中他还扬扬自得地对有关部门进行了讽刺，称其"根本就是一个莫大的笑话"。

对于"炸弹客"的挑衅，有关部门选择了沉着应对，他们通过《纽约时报》发出声明，表示同意"炸弹客"的要求，从而稳住了"炸弹客"的心，使他能够暂时停止犯罪活动。但与此同时，他们请求《纽约时报》《华盛顿邮报》进行配合，将"炸弹客"的论文手稿影印了上万份，分发给各地的民众，希望能够有人根据"炸弹客"的笔迹找出他的真实身份。没过多久，一位名叫大卫·卡辛斯基的公民举报说"炸弹客"的笔迹与自己哥哥的笔迹一模一样。经过一番调查后，破案专家确认大卫的哥哥希尔多·卡辛斯基正是"炸弹客"本人。

几天后，"炸弹客"顺利落网。在审讯他的时候，审讯人员遇到了不少困难。“炸弹客”自诩聪明绝伦，对审讯人员的提问不是置之不理，就是出言讽刺。因此，一位破案专家打算在审讯中采用“揭短”的做法来打击“炸弹客”的自信心。

破案专家拿着一沓厚厚的卷宗走进审讯室，他一边翻看着这些卷宗一边啧啧赞叹道：“卡辛斯基，我不得不说你确实是个犯罪的人才。”

“炸弹客”听到这句恭维后，把头仰得高高的，一副志得意满的样子。谁知破案专家又做出遗憾的表情，摇着头说：“我为什么要说你是人才，而不是天才呢？因为你并没有你想象中的那么高明。”

这句话一说完，“炸弹客”的脸色就变了，他不服气地叫道：“你有什么资格评论我的行为，我的智商高达170，16岁时就被哈佛大学数学系录取，几个月时间就获得了博士学位，我不是天才，谁能算天才？”

看到“炸弹客”的表现后，破案专家知道这种做法有效，便继续说下去：“如果你真是天才，就不会蠢到把自己亲笔写下的手稿寄到报社去了。写恐吓信的人我见过很多，可人家害怕暴露自己的笔迹，都是用打字机写信，再看看你，在这件事上还真不如一个三流蹩脚罪犯聪明呢。”

破案专家的“揭短”深深地刺伤了“炸弹客”的心。事实上，他也早就为自己考虑不周造成的错误而懊悔不已。这几天一想到这件事他就气得浑身发抖，可现在破案专家毫不留情地刺激他的痛处，让他又气又恨，但更多的则是深沉的自卑。他也不禁开始怀疑自己的能力了，整个人的精神状态也变得萎靡不振。等到破案专家要求他交代事实的时候，他一改之前的骄横态度，虽然还是有些不情愿，但也能够做到配合破案专家的问话回答问题了。

在案例中，通过适时的揭短，破案专家成功地让骄横傲慢的犯罪分子改变态度配合沟通。我们在日常沟通时，如果遇到这种过于自负的沟通对象，也不妨采用这样的“揭短”办法，适当地打击对方的自信心，让其不得不端正态度与我们进行沟通。

当然，揭短对于对方而言，毕竟是一件相当痛苦的事情，会让对方受到比较强烈的刺激，在心理上也可能留下长久的阴影。有时如果“揭短”用得不恰当，还会引起对方的恼恨，所以我们在使用“揭短”战术时必须牢记以下几个原则，以减少其“副作用”。

1. 除非必要，否则不要揭人之短

每个人都有自己的短处和弱点，没有人喜欢被别人无端地揭短，所以我们只能在十分必要的情况下使用这种策略，以免过分伤害他人，引起不必要的矛盾和纠纷。另外，我们还要注意避免在公众场合使用这种策略，因为人们大都有爱面子的心理，如果我们不考虑对方的这种心理，当着众人的面对其揭短，一方面会引起对方的愤怒，另一方面也会给他人留下不好的印象，可能会让他人觉得我们没有风度，这对于我们展开沟通反而会十分不利。

2. 揭短要对事不对人

为了避免对对方造成长久性的心理伤害，我们在揭短的时候应当注意遵循“对事不对人”的原则。也就是说，如果我们觉得有必要揭某人的短处，那么只能针对对方在某件事上犯下的小错误进行揭短，而不能对对方的人品进行讽刺，更不能对对方进行无下限的人身攻击。否则对方可能会因为恼羞成怒而选择提前结束沟通，那么我们就会得不偿失了。

3. 揭短要找准时机

在实际操作中，要想凭借揭短的方式击破对方的心理防线，那一定要等到他最为自负、最不可一世的时候再出手，这样才有可能取得比较理想的效果。为此，我们在沟通时还可以采用“欲抑先扬”的办法，先用恭维、吹捧的话语让对方感觉飘飘然，然后再出其不意地揭短，这往往会让对方自信心受挫的感觉更加强烈，而揭短所能产生的效果也就会更加明显。

巧用激将，唤起对方尊严

所谓“激将法”，指的是在适当的时机，用一定的语言技巧对对方的自尊心、荣誉感进行强烈刺激，从而激起对方的逆反心理，让对方在沟通中变得非常积极和主动。谈判专家杰克·克伦南非常擅长在沟通中使用激将法，他曾经这样描述道：“对于那些很难说服的人，我常常会故意打击他们的自尊心，激起他们不服输的情绪，然后我再进行适当的引导，就可以让他们在不知不觉中按照我的意愿行事。”

克伦南曾经利用激将法从洛杉矶地区的一个黑帮小头目口中套出了极有价值的情报。

2011 年 9 月，警方得到了一个重大消息，称洛杉矶最出名的黑帮组织“18 街区”正准备策划一次严重的暴力袭击活动，但还不清楚活动的具体内容和参与人物。后来，警方千方百计抓获了“18 街区”的一个主要成员——绰号“刀疤”的约翰·威尔斯，打算从其口中套取一些情报。

不过威尔斯是一个自尊心极强，性情高傲又态度强硬的犯罪分子，他拒不开口交代，以至于在连番审讯之后，案件都没有任何进展。而克伦南就是在这个时候接手这件案子的，他经过反复的分析和研究，认为不宜对威尔斯进行态度强硬的审讯，而是应该利用他自尊心强又十分傲慢的性格弱点，引导他的情绪，使他自然而然地说出真相。

于是克伦南在第一次与威尔斯见面时，几乎一个字也没有提到与“18街区”有关的事情，而是以一种例行公事的态度，随便问了一些无关痛痒的问题，这不禁让威尔斯感到十分惊讶。而克伦南在说话的时候，故意表现得比较傲慢，仿佛丝毫也没有将洛杉矶小有名气的“刀疤”放在眼里，这更是让威尔斯感到有些不服气。

在被克伦南一次次地“打击”后，威尔斯再也控制不住情绪了，他用鄙夷的口气说：“你觉得自己很了不起？其实你什么都不懂！”克伦南也冷笑道：“那你又知道什么？据我所知，你不过就是‘18街区’的一个小角色，连拍照的时候都要站后排，帮会里的重要事务又怎么会让你参与？所以我让我的同事不要在你身上浪费时间了，问也是白问！”

克伦南的话深深地刺伤了威尔斯，他愤怒地大叫起来：“胡说！这次和‘阿兹台’的活动就是我亲自策划的！谁敢说我是小角色！”

威尔斯提到的“阿兹台”是洛杉矶另一个大型黑帮，与“18街区”一向有利益冲突，克伦南感到这个消息非常可信，但他按捺住了心中的喜悦，继续对威尔斯实施激将法：“你不用再胡编了！我一个字都不信！”威尔斯这下更加气愤了，他索性把自己知道的计划都说了出来，包括行动时间、参与人物等。可是他越是这样急切地表白，克伦南就越是装出不相信的样子，让威尔斯几乎失去了理智，把自己掌握的所有细节吐露了个一干二净。

事后，警方根据威尔斯的供述将一干犯罪分子抓捕归案，也成功地避免了暴力流血事件的发生。而泄露组织计划的威尔斯在恢复清醒之后，却感到十分懊悔。

在上述这个案例中，当克伦南与态度极为强硬的对象沟通时，就巧妙地使用了激将法，使对方为了维护自己被破坏的尊严，不得不在克伦南的诱导下说出了更多的信息。这种激将法也可以在说服他人时使用，如果有人行为、态度不积极，我们就可以通过有意识地褒扬第三者、贬低对方，来故意打击对方的自尊心，成功地激发他们不服输的精神，使他们能够变得主动、积极起来，愿意马上去行动，从而实现普通的说服无法达到的效果。

不过，激将法在使用时要十分注意技巧和分寸，才能达到理想的效果。为此，我们需要注意以下几点。

1. 注意“激将”的对象

破案专家提醒我们，在实施激将法时，首先应当考虑到对方的身份、年龄、性格等特点。一般来说，激将法对于那些性格急躁易怒、容易冲动、自尊心强、渴望证明自己的年轻的沟通对象往往特别有效，因为他们很容易受到言语的鼓动而做出冲动的决策。可是，对于那些性格沉稳、谨小慎微、年纪较大、阅历丰富的对象则不宜使用这种策略，因为这不但很难达到“激将”的效果，还很容易被对方识破而弄巧成拙。

2. 注意“激将”的时机

在沟通中实施激将法还需要看准时机，如果过早使用，时机不成熟，就会严重打击对方的信心，还有可能引起对方的反感，会对沟通造成不利影响。可要是过晚使用，“激将”就会变成马后炮，无法发挥应有的作用。因此，破案专家会在沟通中仔细观察对方的反应，如果觉察到对方已经产生了不服输、不甘心的情绪，但又因为某些原因犹豫不决时，破案专家就会用激将法来施加“推力”，使对方变得冲动起来。

3. 注意把握“激将”的分寸

激将法在运用时要特别注意分寸，如果过于急进，在言语中过度贬低对方，对对方造成了强烈的情感伤害，就会使对方恼羞成怒，沟通气氛也会变得更加紧张，严重时还可能造成沟通失败。不过，“激将”的力度也不能过小，否则无法激起对方的自尊心、好胜心，对方就会无动于衷，“激将”也就失去了意义。

除此以外，实施激将法时还应当注意自己的态度，要避免表现出蛮横无理的攻击态度，以免激怒对方。所以，在激将的同时要保持平静的态度和自然的表情，使对方即使受到“激将”也不会产生过多的愤怒、不满情绪，而这对于沟通的顺利进行是很有帮助的。

适时震慑，寻求沟通突破

在沟通中，对于那些态度和蔼、愿意积极配合的对象，我们应当采取温和的沟通方式，以求得他们的信任，促进沟通的顺利进行。可是，也有一些沟通对象属于彻底的“顽固派”，他们要么态度强硬、胡搅蛮缠，要么闭口不语，令人束手无策。对于这样的沟通对象，我们采取常规性的沟通方式是很难取得效果的，所以，破案专家马克·麦高恩提醒我们可以用震慑的办法对对方发起进攻。

麦高恩曾经这样说：“如果对方一直胡搅蛮缠，我就会想办法找到他的弱点，用言语对其进行突然的震慑，这往往会让对方方寸大乱。”用这样的办法，麦高恩曾经让一名拒不合作的嫌疑人最终承认了自己的罪行。

2013 年，美国佐治亚州亚特兰大市发生了一起恶性案件：一名 24 岁的年轻单身母亲和她的两个孩子（一个刚满 3 岁，另一个只有 8 个月大）在他们位于郊区的家中被人残忍地杀害了。警方立刻展开调查，通过现场留下的血迹、脚印等锁定了三名嫌疑人。

警方立即将这三人抓捕归案，其中两人对自己入室抢劫、强暴、杀人的残忍行径供认不讳，但被二人一致指证的主谋——迈克尔·科特曼却在讯问中拒不配合，他坚称自己只是旁观者，并没有参与行凶。对于审讯人员的讯问，科特曼不但不肯老实作答，还不停地高声叫嚷，直言没有律师在场，他们无权对其进行审问。

麦高恩经过一番考虑之后，就对科特曼说了下面这段话，对他进行震慑：“我们现在不想问你有没有做过这些事情，因为这是毫无疑问的，你留在被害人身上的指纹、精液，还有你衣服上的鲜血都是毋庸置疑的证据，你没有任何脱罪的可能！所以我现在要问的问题是，你为什么要这么做？我们只是因为想要弄清楚动机才对你进行讯问，请你务必搞清楚状况！”

听完麦高恩的话后，科特曼犹如泄了气的皮球一般，整个人变得萎靡不振。麦高恩准确地击中了他的弱点，使他明白自己已经不可能依靠侥幸脱罪，眼下唯一的出路就是配合警方坦白真相。于是他很快就在麦高恩的引导下承认了自己的罪行，并且还主动交代了之前犯下的另一桩罪行。最终科特曼被判处死刑。

在这个案例中，麦高恩没有试图对顽固的嫌疑人进行徒劳的说服教育，而是直截了当地震慑对方，告诉他“你没有任何脱罪的可能”。而嫌疑人也马上明白对方已经掌握了确凿的证据，自己没有任何反驳的机会，所以只得选择坦白罪行。

如果我们在沟通中遇到十分难缠的对手，就可以试试这种震慑的做法。为了加强自身的震慑力，我们可以吸取破案专家的经验，从以下几个方面做起。

1. 用浑厚、有力的声音加强震慑力

想要用言语震慑住对方，首先必须采用浑厚、有力的声音来说话，当

然这不是说声调越高、声音越响亮越好，因为太过响亮、尖锐的声音反而会让人有色厉内荏的感觉，无法产生震慑对方的效果。而真正有震慑力的声音应当让对方一听就能感觉到说话人的底气，并能让对方在情绪上受到一定的感染。

为了做到这一点，破案专家在平时训练时就会注意运用共鸣腔，使得声音听上去很有磁性，穿透力很强，即使有时房间里噪声很大，也能听清楚他们在讲什么。用这样的声音说话，就会让人不由自主地受到感染，并会对破案专家所说的话语中的内容感到信服。

2. 用理直气壮的坚定语气说话

除声音要表现出足够的底气外，在语气方面也要注意理直气壮、从容不迫，要让对方一听就能感觉到一种不容置疑的气势。哪怕对方做出了强硬的姿态，但是在感受到这种气势后，他们也会受到震慑，不得不改变自己的态度。

在这方面，破案专家总是会用坚定自信的语气给沟通对象留下深刻印象，他们在说话时讲究语气铿锵有力，而且常常会用到一些“一定”“只是”“必须”“毫无疑问”之类的富有力度的词语，让自己的话语听上去气势十足，充满了震慑力量。

3. 说话时不要有太多的表情

为了增强震慑力，在说话时还要注意不能流露出过多的表情，如嘴上说着坚定的话语，脸上却挤眉弄眼、表情夸张，就会让人感觉很不协调，说话的效果也会大打折扣。所以破案专家在说一些带有震慑、警告性质的话语的时候，就会注意控制自己的表情，避免流露出愤怒、生气的情绪，他们常常会用平静的表情配合锐利的眼神，表现出一种公事公办的态度来，让一些顽固的沟通对象也不得不打消继续胡搅蛮缠的念头。

最后，也是最重要的一点是要在说话时找到对方的弱点或其最担心的事情，然后由此出发进行震慑，使其产生一种“如坐针毡”的感觉。比如在本节案例中，犯罪嫌疑人以为自己拒不认罪就有可能脱罪，但是麦高恩用富有震慑力量的话语，毫不客气地打消了他的念头，使他明白自己已经无路可走，从而成功地攻破了他的心防。像这样的做法也启发了我们，想要驾驭沟通对象的心理，实现沟通突破就要从其弱点出发。

第六章

化解冲突，破解沟通僵局

仔细倾听，表达足够诚意

要想得知一个人心里到底在想些什么，就不得不学会倾听。特别是在遇到沟通僵局的时候，倾听往往能够帮助我们更好地了解对方的真实意愿，有助于我们找到沟通的突破口。不仅如此，倾听还能向对方表示我们的诚意，使对方消除防备的心态，愿意与我们配合。为此，破案专家乔治·卡西说道："为了避免冲突，化解矛盾，我们应当学会管住自己的嘴巴，用心倾听对方的话语，这才是解决问题的明智之举。"

卡西曾经奉命调查一起连环杀人案件，和自己的搭档一起到洛杉矶郊外的一个农场去搜集线索，因为有消息称杀人案的嫌疑人曾经在该农场附近出现过。

农场的主人约翰·华盛顿是一位倔强的老人，他说话很不客气，态度也很不配合。卡西的搭档是个急脾气，他忍不住出言吓唬老人，说他是想犯窝藏罪。这可惹怒了老人，他直接进屋拿起了猎枪，指着门外的卡西二人，让他们立刻从自己的农场消失。

卡西连忙劝住搭档，然后恭恭敬敬地向老人道歉，表示自己并不是来捣乱滋事的，只是想向老人咨询一些情况。见他态度诚恳，老人这才放松下来，但表示自己从来不知道什么杀人案，更没有见过有可疑人员出没。

卡西知道用常规的方法很难从老人那里获取线索，于是他很自然地抹了一把额头上的汗水，用哀求的口气对老人说：“天气这么热，让我们进屋喝杯水吧。”老人没有吭声，但却默默地打开了房门。

进屋之后，卡西看到老人家中的摆设非常简陋，几件上年头的家具破破烂烂的，床上、沙发上到处甩着脏衣服，于是他便用充满同情的语气说：“你是一个人住吗？看这样子，生活不好过啊。”

听完卡西的话，老人不禁发出了一声叹息，用悲哀的语气说道：“是啊，自从上帝带走了我的妻子和女儿后，我就一个人过。”

卡西一听连忙说道：“发生什么事情了？能跟我讲一讲吗？”老人苦笑一声：“那可是个很长的故事啊。”

卡西也不吭声，只是用期待的眼神看着老人，老人便开口讲了起来，原来他的妻子和女儿在7年前因为交通事故不幸去世，可是肇事的货车司机至今都没有抓捕归案。这让老人对警方的能力产生了强烈的怀疑。

事实上，老人讲得一点也不动听，拖拖拉拉，翻来覆去，卡西的搭档听得都快睡着了。可卡西却始终集中注意力认真地倾听，并且不时地给予老人一些回应，使老人受到了鼓励，愿意讲出更多自己的遭遇。哪怕是老人在话语中流露出了很多对警方的嘲讽，卡西也没有打断他或进行“还击”，而是让老人将埋藏在心里的痛苦全部发泄出来。

最后老人流着眼泪结束了倾诉，而卡西也及时地献上了自己的安慰，并且对老人说：“我承认我们的能力确实有限，但我们会尽力去弥补，如我们现在就想尽快将杀人犯抓捕归案，这样才能挽救更多无辜的人受害。”老人本来已经对卡西产生了不少好感，现在听到他的这番话后，也很受感动，便将自己所知道的事情一五一十地说了出来。后来，根据老人提供的线索和人像拼图，那名连环杀人犯终于被成功地抓获。

在这个案例中，沟通的双方已经产生了冲突和矛盾，如果再不采取措施去缓和氛围的话，沟通就难免会以失败告终。所以卡西想到了用倾听的方法向对方示好，使对方在倾诉中疏解了激烈的情绪，同时也打开了当前的沟通困局。

那么，我们该如何用倾听去表达诚意，破解僵局呢？

1. 表现出“积极参与”的身体姿态

在倾听他人说话的过程中，我们可以从身体姿势表现出自己正在积极地、耐心地倾听对方的话语，这会让对方有受到了鼓励的感觉，对方不但会愿意说出更多信息，而且还会对我们产生更多好感。

比如，破案专家为了让沟通对象感觉到自己真诚的态度，就会在倾听时采取一种微微前倾的身体姿态，表现得十分投入的样子；与此同时，他们还会展开双臂，放松身体，做出一种包容和接纳的姿态，使得对方在倾诉时会感觉更加放松。此外，破案专家还提醒我们在倾听他人说话时不能保持将双手交叉抱于胸前或是身体后仰、紧贴座位的姿态，因为这会给对方留下态度冷漠、防卫性强的坏印象，会影响对方继续倾诉的积极性。

2. 表现出积极倾听的态度

在认真倾听的时候，可以通过点头、微笑以及一些带着关心、赞许之意的简短回应来表现自己的态度，像“嗯”“没错”“你说得很有道理”等肯定性短语可以让对方感觉更加轻松，也能够告诉对方自己对他的话语很感兴趣。这样可以使对方的自尊心得到满足，而对方对于破案专家的好感也会增加不少。

3. 控制自己想插嘴的冲动

心理学家认为，无法有效倾听，却喜欢在别人讲话时插嘴，可能是一种焦虑心理过于严重的情况，这种焦虑心理会让人急于发表自己的意见。所以想要改变爱插嘴的坏毛病，就要学会调适自己的心理，抑制自己心中冲动的念头。

为了避免在倾听中随意开口打断他人，我们可以先做点其他的事来转移自己的注意力。破案专家的经验是，可以做几下深呼吸，或者在心中默数十下，然后不断提醒自己："现在不是我说话的时间，要先给别人一些表达的机会。"通过这样的方法，就能够有效地控制爱打断他人的行为了。

4. 克服把沟通当成竞赛的坏习惯

在沟通过程中，我们还要克服与对方竞赛的心理。对于对方在话语中说出的观点、流露出的立场、倾向，我们不要马上就旗帜鲜明地表示反对，否则会破坏倾听的氛围，还会让沟通变成没有意义的竞赛。

因此，我们在倾听的时候应当注意保持平和的心态，要先尽量接纳对方提出的观点，待对方充分表达后，再给予相应的赞同或反对的反馈意见。而且对于自己不能苟同的部分，我们不能态度生硬地进行指责，而是应当以真诚、谦和的态度指出问题，并具体解释原因，这样才能够让对方心悦诚服。比如在本节案例中，卡西在倾听时虽然屡屡听到老人一些讽刺的话语，但他都没有开口去辩解或反击，而是认认真真听到了最后才说出了自己的看法，也赢得了老人的好感，这种善于倾听的精神是值得我们学习的。

5. 倾听后及时做好反馈工作

反馈对于有效的沟通是非常重要的，只有我们能够给出反馈，对方才能知道我们确实准确地接收到了他们提供的信息，也才能让之后的沟通进行得更加顺利。至于反馈的方法则有以下几种。

（1）向对方提出开放性问题。

破案专家常常会针对对方之前表达的内容进行探究式的提问。比如，他们可能会对对方这样说："你可以告诉我更多有关内容吗？"或是："你这段话真正的含义是什么？"或是："你觉得事态会怎么发展？"这些问题一方面可以告诉对方自己一直在认真倾听他们的话语，另一方面也能鼓励对方说出更多有价值的信息。

（2）对听到的内容进行重复式总结。

破案专家有时还会将自己倾听到的内容进行重复，以表示自己确实在认真地倾听并记下了全部要点，这可以让对方有一种受到重视的感觉。当然，为了避免浪费时间，他们会在重复对方所讲的内容时注意"去粗取精"，即只讲述其中的要点，这样也方便对方对照，看看自己是不是确实弄明白了他们要表达的意思。

比如，他们会这样说："你应该是觉得……我这样理解没错吧？"或是："如果我没弄错的话，你的意思应该是……"这样如果对方发现他们有误解的地方，也可以及时地进行指正。如此一来，沟通的效果就会更好了。

（3）对听到的内容给出自己的看法。

如果已经清楚地了解了对方的看法，就可以给出具体的反馈意见。比如，破案专家常常会在倾听后这样发表自己的真实感受："你说的情况我也有所了解，我认为这件事……"另外，他们还会对对方表述不完善的信息进行补充，如对对方说："关于本案，我还发现了以下几个问题，我补充说明一下……"像这样的表达方式带有一种商讨的语气，不会让对方觉得冒犯，对方也能够听得进去，沟通就会进行得更加顺利。

总之，善于倾听是沟通中不可缺少的素质之一。它不但能够让我们更加准确、完整地听取自己想要的信息，还会给对方留下为人真诚、尊重他人的好印象，更能够让我们准确把握对方心意，减少不必要的矛盾和冲突。因此，我们一定要向破案专家学习，要学会倾听，并且要做到有效倾听、智慧倾听，这样才能为自己减少很多不必要的麻烦，也才能够提高自己的沟通能力。

巧用幽默，化解尴尬处境

在沟通陷入僵局的时候，幽默可以成为一种良好的“润滑剂”，它能够让紧张的形势得以缓和，并便于重建和谐的沟通氛围，减少沟通双方之间的矛盾和对立，有助于促进沟通的顺利进行。为此，破案专家本杰明·摩尔指出：“我们在与形形色色的沟通对象交流时，难免会有陷入尴尬和僵局的时候，这时我们不妨施展自己的幽默感，想办法把对方逗乐，就能起到改善局面、促进沟通的作用。”

摩尔曾经负责过新进探员的培训工作。有一次，他被指定给40多名探员讲解沟通技巧。不巧的是，摩尔因为一项任务不得不更改教学计划。等到他抽出时间的时候，已经是半个月以后了。

在重开培训课前，他与组织培训的工作人员重新定好了培训地点和时间，并通过内网发布了通知，要求所有参加这次培训课的探员必须在星期六的上午9点之前到达培训地点。

谁知很多新进探员对这次培训不太重视，所以他们也没有留意这则通知。等到星期六的上午9点，摩尔带着厚厚的资料和一名助手走进培训室时，发现那里只坐着稀稀拉拉的几个人。

摩尔和助手面面相觑，感觉十分尴尬。他本想掉头离去，可又觉得这样做对那几名按时前来接受培训的探员不够公平。他停下了脚步，想了想，便幽默地自嘲道："看来有的学员对我这位培训导师的水平还不太信任，所以派遣了'先头部队'来对我进行检阅。好吧，那你们几位就先替他们把把关，看看我到底有没有足够的水平做你们的导师。"

在座的几位探员都被他幽默风趣的话语逗笑了，也对他产生了不少好感。而摩尔也定下心来，使出浑身解数，将自己在工作中积累的经验讲述出来。他的语言风趣幽默，其中又不乏一些生动有趣的案例，听得探员们如痴如醉。在课程结束后，几位探员都自发站起来给摩尔鼓掌，说他讲得真是太好了，让他们学到很多有益的经验。

事后，这几位探员在向其他同事描述时，对摩尔的培训更是极尽溢美之词，那些不重视培训的探员们听说后都感到十分懊悔，他们纷纷表示下次课程一定会准时参加。于是到了下一周的星期六早上，摩尔一走进培训室就满意地看到了座无虚席的场面。

在这个案例中，面对尴尬境地，摩尔巧用幽默的语言，拿自己和在场的探员开了个无伤大雅的玩笑，使得令人难堪的气氛一扫而光，而探员们也被他的个人魅力深深折服。像这样善用幽默化解尴尬处境的技巧是值得我们学习和借鉴的。

那么，我们在沟通中如何才能学会巧用幽默呢?

1. 调整心态，学会自我调侃

想要用幽默来逗乐他人、摆脱尴尬，首先自己就要注意调整心态，要能够带着乐观、豁达的态度来进行自我调侃，才能让他人受到感染，进而跟着会意而笑。反之，如果内心并不认可，而是带着不甘、不情愿的心情来开自己的玩笑，就很难说出精彩的幽默语句，更达不到娱乐他人、化解尴尬的目的。为此，平时我们应当多培养自己豁达的心态，能够接受自己的失误或不完美，并自信从容地不时自嘲。

2. 多方学习，培养幽默感

很多人的幽默感都是后天培养出来的，破案专家提醒我们：“如果你实在不懂幽默，不妨先看看别人在沟通中是怎么使用幽默来调节气氛的。”所以我们可以从学习和模仿做起，在沟通中先照搬别人的一些幽默搞笑段子。同时要注意观察对方的反应，慢慢地，我们就会发现什么样的幽默最受人欢迎，而什么样的幽默只能算是隔靴搔痒，达不到逗乐别人的目的。长此以往，我们就能够逐渐培养出幽默的感觉，有时在遇到沟通僵局时也就能够自然而然地应对。

3. 经常更新，幽默不落俗套

幽默的段子需要常用常新，不能总是重复一段好笑的话语，如果对方是初次听可能还会觉得好笑，可要是再次听、多次听就无法再产生惊喜的感觉，也就难以达到幽默的效果了。所以我们平时可以多准备一些幽默的素材，看准场合、对象适度幽默。

另外，运用幽默还要注意把握尺度，不能把幽默的智慧与一些低级的俗套搞笑手段相混淆。如果我们把低级笑话当成幽默，就容易弄巧成拙，反而会给人一种不体面的感觉。此外还要提醒的是，很多场合虽然看似相同，但由于交流者的性格等其他因素影响，同样的幽默话语起到的作用也是不同的。因此，我们一定要灵活运用，这样才能让幽默收到奇效。

适时沉默，巧妙应对挑衅

在沟通过程中，如果遇到难以破解的僵局，破案专家提醒我们不妨用沉默策略去应对，这种办法有时候能够产生意想不到的效果。对于这一点，破案专家克里斯托弗·惠特科姆也说道：“沉默可以成为一种无形的武器，它能够掩饰我们的态度和底牌，可以让对方感觉不知所措。特别是在对方无理挑衅的时候，沉默往往能够打击他们的嚣张气焰，使他们不知不觉收敛自己的行为，有时甚至还会让对方不得不软化态度，接受我们的说服教育工作。”

有一次，惠特科姆参与了一个贩毒案的调查工作，并负责审讯该案件中一名关键嫌疑人彼得·克拉克。

克拉克是一个身高近 2 米的彪形大汉，他体格强壮，满脸横肉，穿着一件白色背心，暴露在外的肩膀、手臂上满是青色的文身。而惠特科姆则个子不高，身形瘦小，克拉克一看到他就不屑地从鼻子里发出一声冷哼。惠特科姆却做出毫不在意的样子，坦然地在克拉克对面坐下，面无表情地凝视着他，看上去十分镇定。

克拉克懒洋洋地靠在椅子上，摇晃着手臂，把手腕上的手铐晃得铛铛作响，他用鄙夷的语气说："小个子，你以为能从我这里套到什么情报？别做梦了！"

对于克拉克挑衅的言行，惠特科姆根本不为所动。他索性不再理睬克拉克，自顾自地打开手中的档案袋，从里面掏出一份文件，不时地看一眼克拉克的脸，再看看档案，然后点点头，好像是确认了什么信息似的。

惠特科姆的这番做派倒是让克拉克有些坐不住了，他心想：他们该不是已经掌握了什么重要证据吧，要不这个小个子怎么看上去这么胸有成竹呢？与此同时，克拉克的表情也变得紧张起来，他整个身体的姿态都和惠特科姆刚刚见到他时有很大的不同。

时间一分一秒地过去，惠特科姆一直在沉默，克拉克的心情却越来越焦虑了。突然之间，克拉克隐约听见惠特科姆似乎在不经意间读出了文件上的词语："蒙特里安……酒店……1811号房间。"虽然惠特科姆的声音很轻，但克拉克却听得很清楚，而且他立刻变了脸色，因为惠特科姆所说的正是他们准备去接头交货的地点。这下他再也忍不住了，主动开口打破沉默："如果我能够主动提供信息，是不是可以少坐几年牢？"

惠特科姆这才将视线转向他，微笑着说："那要看你交代的信息有多少价值了。"克拉克这时才明白惠特科姆之前都是和他玩心理战术，可是他的心理防线已经完全崩溃，所以也就不再坚持，爽快地将自己所知道的信息全部向惠特科姆交代了。

在上述案例中，惠特科姆之所以能够成功地应对挑衅的嫌疑人，并让对方愿意主动坦白，靠的就是沉默这个有力的武器，它能够让当前的沟通气氛变得凝重，可以迫使想要挑衅的对方停止无理的进攻。而且对方也会对探员所采取的沟通策略感到迷惑，这往往可以促使对方转变态度，从而打破沟通僵局，促进沟通顺利进行。

当然，我们在沟通中使用沉默策略时想要取得最理想的效果，就需要注意把握好以下几点。

1. 把握沉默的时机

在沟通中什么时候应该沉默，什么时候不应该沉默，都是很有讲究的。这需要我们正确把握沉默的时机，否则不仅无法达到预期的效果，还有可能造成麻烦。在这方面破案专家给出的建议是："如果对方表现出了明显的挑衅态度，使得沟通无法正常继续下去，或是对方一直拒绝配合，用十分明显的谎言来回答我们提出的问题，我们就可以用沉默来应对。"因为突如其来的沉默会让对方感到很不自在，他可能不得不修正自己的态度，以打破沟通僵局。在这个过程中，除非对方的表现能够让我们满意，否则我们都要一直保持沉默。

2. 控制沉默的时长

沉默的时间长短需要我们根据沟通的发展情况进行调节，如果沟通气氛非常严峻，对方态度极为强硬，那么我们就有必要将沉默状态保持下去；但若是对方态度已经明显软化，只要我们稍加引导就能够打破沟通僵局，那么我们就可以适时结束沉默状态，与对方恢复正常的沟通，直到引导对方说出更多信息，获得理想的沟通结果。在这个过程中，我们需要把握"见好就收"的原则，不要过分地用沉默武器来对对方施压，以免对方被激怒而选择中止沟通，那就会让双方都面临不小的损失。

3. 用表情、动作配合沉默

在沟通中保持沉默，看似是一种消极的行为，但实际上是一种"以退为进”的积极行为。为了更好地控制局面，我们可以在沉默的同时采用一些表情、动作来表达自己的意愿，以加强沉默的效果。比如，我们可以用摇头、摆手、皱眉等动作来配合沉默战术，使对方感觉到我们强烈的拒绝意愿，因而不得不退让以求得沟通正常进行。另外，我们还可以像本节案例中的惠特科姆那样，在沉默的同时故意透露一些关键性的证据，使嫌疑人方寸大乱，不得不软化态度主动求和。

总的来说，在沟通过程中，我们应当学会灵活运用沉默策略，它会让我们在处于沟通僵局的时候，成功地打消爱挑衅的沟通对象的嚣张气焰，并逐渐赢回沟通的主动权。

学会说“不”，破解沟通困局

当沟通由于某些原因陷入困局时，我们应当想办法找到症结所在，从而可以积极地打破困局，但切记不能为了尽快破解困局而放弃自己的原则立场，随意地答应对方的要求，那会让我们在沟通中陷入非常被动的境地。所以即使是处于困局之中，我们也应当学会对对方说“不”。

谈判专家克里斯·沃恩就曾经这样说道：“‘不’值千金，它能让我们向对方澄清我们到底想要什么，不想要什么，从而有助于避免误解和冲突。而在沟通处于僵局时说‘不’更是一种不错的选择，它可以改变对话形势，使你获得你想要的结果。”

沃恩曾经用自己刚刚入行时的一段工作经历来说明这个问题。

那时，沃恩进入了纽约的联合反恐任务小组，负责接听一条危机处理热线打来的各种求助电话。当时有规定要求他们与求助者的通话时间不得超过 20 分钟，可是总有一些“常客”喜欢不停地诉说自己的问题，把他们当成了免费的陪聊对象，占用了他们的大量工作时间。为此，沃恩所在的部门后来不得不推出一项规定，要求这类“常客”每天只允许拨打一次这个热线号码，而每一位接听电话的工作人员手中都有一份这样的“常客”

名单，避免在接电话时浪费时间。

有一天，沃恩又接到了一个“常客”艾迪打来的电话，他无奈地说：“艾迪，我们今天已经通过话了。”艾迪则马上用哀求的语气说：“再跟我聊一会儿吧，我特别喜欢听你说话，每次跟你通完话，我的心情都会变得特别好。”

在这个时候，如果沃恩选择帮助艾迪，显然就会违反规定。而且对于艾迪这样的“常客”来说，一次通话并不能使他得到满足，他还会继续打电话来要求更多“帮助”。所以沃恩完全可以果断地说“不”，以摆脱这个沟通困局。可偏偏此时他心软了，答应艾迪再和他聊 20 分钟。

在这 20 分钟里，沃恩与艾迪聊得十分和谐，甚至让艾迪开怀大笑了好几次。在结束通话的时候，艾迪激动地说：“谢谢你，你做得太棒了！比其他探员都强！”

艾迪的赞美让沃恩感到有些飘飘然了，他靠在椅子上陶醉了好一阵子，觉得自己真是一个善于沟通的高手。谁知几分钟后，沃恩的主管就打来了电话，狠狠地将他批评了一顿，说他不但浪费了公共资源，而且没有解决任何实际问题。因为那个艾迪马上又接着打电话去骚扰其他接线员了，沃恩对他的劝导没有起到任何作用，而沃恩本该用这些时间去帮助其他真正需要帮助的市民。

沃恩这才醒悟过来，他为自己的一时心软感到十分后悔。从那以后，他学会了在沟通遇到困局的时候果断地对对方说“不”，使得自己不用违背意愿勉强去做某事，而且还能让对方知难而退，避免过多纠缠，更能减少发生冲突的可能。

从这个案例中，我们可以发现说“不”的重要作用，很多时候，在沟通陷入胶着的状态后，我们就可以用说“不”来明确表达自己的否定意愿，这样对方也会考虑调整自己的沟通目标，改变自己的沟通方式，从而有助于破解困局，促进沟通的正常进行。不过，说“不”也是需要掌握一些技巧和方法的。

1. 在说“不”的同时表示出足够的歉意

为了不失礼于人，我们在表达否定和拒绝的意愿时要注意表现出足够的歉意。比如，破案专家会先对对方对自己的倚重表示感谢，然后用“不好意思”“非常抱歉”“实在遗憾”等词语来表达自己无法答应对方要求的歉疚之情，这样对方听在耳中也会觉得舒服一些，这会比直接拒绝更容易让对方接受。

2. 用借口来说“不”

在沟通中，如果我们想要对对方的要求说“不”，但又不愿得罪对方，以免影响双方之间的合作关系，那么我们就可以用借口来拒绝对方。破案专家经常采用的借口有很多种，如“自身权限不够，需要上级决定”“规定如此，我也不能破例”等都是比较常用的。通过这些借口，可以将问题推给第三方或是某些原则、法规，使得对方能够明白他们的要求无法被满足是有客观原因的，这样对方也就不会再继续胡搅蛮缠了。

3. 在说“不”之后给予情感慰问和补偿

在拒绝他人之后，如果发现对方情绪不佳，我们也不要忽略了情感慰问和补偿的工作，这可以冲淡对方心中的不快，也能改变我们留给对方的不良印象。比如，当你无法向同事提供帮助时，你就可以这样安慰对方：“虽然这件事我现在暂时没有办法帮到你，但如果换成……我肯定能帮上忙的。”这样的话语会让同事感觉非常贴心和温暖，他也会明白你并非有意拒绝，而是确实有苦衷，才无法答应他的要求，这样他也就不会再为此事而记恨不已了。

此外，我们在说“不”的时候要注意自己说话时的表情、音调和姿态等，如在说“不”时不要故意皱紧眉头或使用低沉的语调来表现自己的无奈，因为这可能会弄巧成拙，会让对方认为我们是在惺惺作态，所以在说“不”时最好还是采取平和的语调、自然的表情；而且为了表现自己的歉疚态度，在说“不”时还可以让自己的身体尽量正面朝向对方，这也可以给对方留下坦率、诚实的感觉，会让对方更容易接受拒绝的话语。

故意拖延，消磨对方斗志

在沟通陷入僵局的时候，破案专家提醒我们，不妨采用“拖延战术”来消磨对方的斗志，使对方逐渐失去耐性，并不由自主地露出破绽。这样我们就可以抓住时机向对方发起攻击，使对方不得不接受我们的意见，或同意我们提出的要求。

破案专家基恩·贾勒特这样说道：“当我在沟通中遇到了顽固的对手时，我就会想办法故意拖延一下，当我发现对方从最初的斗志昂扬，逐渐变得有些焦躁、萎靡的时候，我就知道‘反击’的时刻到了。”

贾勒特曾经多次在讯问嫌疑人的时候，采用“拖延战术”并取得了成功。

2011 年，警方通过网络预警系统发现一名从得州科技大学退学的留学生正打算制造一起恐怖袭击事件。这名留学生先后利用互联网，从多个卖家手中购买了大量 TNT 炸药、浓缩硫酸、硝酸、苯酚，触响了网络预警系统。随后当地警方派出了 4 名人员 24 小时监视这名留学生，他们还想办法在他的车辆中安放了追踪器，并监听了他的电话。通过这些电话，他们还发现留学生并非独立策划行动。这名留学生是恐怖组织的成员，在美国境内还有多名恐怖分子与他保持着密切联系。

为了获得这些恐怖分子的名单，警方一直没有逮捕这名留学生。不过在一次电话监听中，警方得知留学生准备在自己即将到来的生日那天展开行动，这个消息引起了警方的高度关注，他们决定果断采取行动，将留学生逮捕归案。

可是在讯问留学生的过程中，审讯人员却感到十分棘手。这名留学生态度比较蛮横，无论问他什么问题，他都大声呐喊：“去死吧，你们这些‘异类’。”

第二天，负责讯问的是贾勒特。他走进审讯室，看到这名留学生高昂着脑袋，一副不肯服输的样子，眼睛里还闪烁着狂热的光彩。贾勒特心想，如果按照正常流程提问，对方显然是不可能如实回答的。于是他索性先不提问，而是大声说了一句：“我有点事，过 1 个小时再讯问。”

说完这句话后，贾勒特就头也不回、大步流星地走了出去，留下留学生一脸错愕地呆在原地。在审讯室外，贾勒特透过单向玻璃窗观察着留学生的一举一动，发现他有些烦躁的样子，不时地用牙咬着自己大拇指上的指甲。

过了 1 个小时后，贾勒特回到了审讯室，他正准备开口，留学生就大叫起来：“走开，你这个‘异类’，离我远一点，我都闻到你身上的臭味了！”贾勒特知道时机还未成熟，就又一次大声说道：“我是来通知你的，两个小时后再向你提问！”说完，贾勒特又头也不回地离开了。在他身后，留学生气得咆哮起来，但是贾勒特根本就不理睬他。

如此这般，贾勒特连续让留学生等了好几次，其间只给他极短的时间如厕、喝水、吃饭，之后就把他带回审讯室。就这样，时间很快就到了傍晚时分，此时筋疲力尽的留学生早就没有了最初的锐气，他看上去十分消沉，眼睛里的光彩也黯淡下来。在这种情况下，他再也没有与贾勒特对峙的精力了，巴不得能够早点结束讯问。

于是，当贾勒特最后一次走进审讯室的时候，留学生有气无力地说："别磨蹭了，你想问什么就问吧。"

贾勒特按捺住欣喜的情绪，终于在留学生对面坐下来，开始了正式的讯问。对于他的问题，留学生基本都能给出比较满意的答案。也是靠着留学生提供的线索，警方又抓到了几个恐怖组织的成员，让一场危机化为无形。

在这个案例中，贾勒特面对态度嚣张的嫌疑人时，没有采用硬碰硬的逼问的做法，而是采取了巧妙的拖延战术，在一次又一次的拖延中"熬"尽了嫌疑人的耐心、斗志，使嫌疑人的态度不知不觉地发生了软化，而困扰大家的沟通僵局也得到了成功的破解。

当然，想要像贾勒特这样成功地运用"拖延战术"来破解沟通僵局，还需要讲究一定的原则，否则不但达不到效果，还有可能弄巧成拙。

1. 辨清形势才能使用"拖延战术"

在使用"故意拖延"这一战术之前，我们首先应当确认对方的沟通态度，如果对方对于沟通有比较强烈的抗拒心理，我们就可以适当拖延，以消磨对方的意志，使对方不得不改变态度。

另外，我们还需要注意分辨沟通对象的特点，看看是否适合对其施行"拖延战术"。就像在本节案例中，由于沟通对象是一个血气方刚的年轻人，在耐性、意志力方面可能比较薄弱，破案专家故意对其拖延，就能够让其失去耐性而主动软化态度。但若是沟通对象是一个心智成熟、耐力颇佳、意志力顽强的中年人或老年人，对其使用拖延战术显然就很难取得理想的效果。像这类问题都需要我们在沟通前做好准备，注意分辨，这样才有可能成功地突破僵局，并取得良好的沟通效果。

2. 掌握分寸，不宜过度拖延

使用拖延战术时应当遵循“适可而止”的原则，因为拖延会消磨对方的意志，打击对方的信心，会让对方感觉非常痛苦。如果我们不断拖延，超过了对方的忍耐极限的话，就可能引起对方的强烈反弹，他们完全可以给予我们这样的回复：“随便你怎么拖延，我就是不说！”在这种情况下，我们在沟通中就会变得十分被动了。所以我们在拖延时一定要考虑到对方的承受力，不要过分拖延。

另外，由于很多沟通事项本身就有一定的时限性，如果超过了时限没能取得沟通成果，就可能会酿成严重的后果，所以也不能够过度拖延。比如在本节案例中，如果贾勒特没能及时从嫌疑人口中问出信息，就无法阻止恐怖袭击事件的发生，所以他虽然在实行拖延战术，但还是注意把握了尺度，采取了1小时、2小时这样的拖延战术，最终成功地在一天之内就问出了想要的结果。

3. 避免在拖延的同时消极“等待”

使用拖延战术不但能够影响沟通的节奏，还能为我们赢得宝贵的调整时间。所以我们应当一边稳住对方一边想办法增加自己沟通的筹码，切勿认为拖延就是消极地等待对方做出转变。

事实上，在拖延的同时我们有很多工作要做，如我们可以注意观察对方的反应，从而可以对沟通进行战略性的调整。同时，我们还可以收集更多对自己有利的信息，像一些最新的情报等就可以为我所用，可以用来向对方施加压力，让对方不得不在沟通中软化态度、做出让步。

最后通牒，逼迫对方就范

在沟通中，如果双方陷入了对峙状态，为了避免浪费时间和精力，占据优势或主导地位的一方就可以向对方提出“最后通牒”，即将自己希望对方妥协的事情郑重通知对方，并规定对方必须在某个时限之前做出决定，否则自己就会采取某些强硬的措施。这种做法无疑能给对方带来很大的压力，有时会让对方自乱阵脚而不得不就范。

破案专家在与一些顽固的犯罪分子进行沟通时就常常使用这种策略，危机谈判专家威廉姆·霍顿这样说道：“在沟通难以推进的时候，我们可以带着‘最后通牒’，以非常强硬的形象出现，这样就能够打消对方对沟通结果的奢望，有助于破除对方的犹豫心理，并能够使他们的态度软化。”

2011 年，霍顿曾经亲自参与了一次解救人质的危机谈判。当时有几名犯罪分子抢劫了费城的一家银行，由于银行员工偷偷报了警，所以警察及时赶到，成功地将这伙歹徒堵在了银行大厅里。不过歹徒挟持了一部分人质，使得警方投鼠忌器，双方一度陷入了僵持。为了保证人质的安全，警察不得不退出了门外，并按时派人将食物和水送到里面。就这样，双方一连僵持了两天。虽说歹徒并没有伤害人质，可他们也始终不肯缴械投降。

霍顿是在第二天下午赶到这里的，当他了解了情况后，便给出了这样的建议："既然他们没有伤害人质，那说明他们其实是可以被劝说投降的。你们不妨试试'最后通牒'策略，我相信他们也不愿意再这样无限期地拖下去。"于是，警察们就按照霍顿准备的说辞，向这伙歹徒发出了"最后通牒"："嘿！伙计们！很明显，无论如何你们这次逃不出去了！既然如此，又何苦搭上一些人命呢？我想你们都知道抢银行会被判几年吧，但要再加上谋杀的罪名，那问题就更严重了，谁知道你们能不能熬得住那么长的刑期呢！现在你们只有一个小时的考虑时间，时间一到，我们就不会再给你们机会做出选择了！"

果然，"最后通牒"刚发出没多久，这伙歹徒就选择缴械投降了。事实上，他们早就对自己的行为感到懊悔，可又担心投降会面临不可知的后果，心里正挣扎不休。而霍顿及时掌握了他们的心理，将投降和抵抗的后果替他们做了分析，并限定了考虑的期限，逼迫他们尽快做出选择。如此一来，他们只好停止犹豫，痛下决心，在短期惩罚和长期惩罚之间，果断地选择了短期惩罚。

在这个案例中，谈判专家通过"最后通牒"化解了沟通困局，解决了一场危机。而"最后通牒"之所以能够发挥作用，就在于对方已经明确意识到，除接受眼前这样的结果外，已经没有更好的选择，再加上有时间限制，要求他们必须尽快做出抉择，所以他们会改变之前犹豫不决的态度，从而使之前困扰双方的问题得到圆满的解决。

不过，"最后通牒"毕竟不是一种常规的沟通策略，往往都是"不得已而为之”，因此在使用时一定要非常慎重。所以破案专家提醒我们，在使用“最后通牒”时应当注意以下几点。

1. 发出最后通牒的时机要精确而恰当

发出最后通牒首先要考虑时机是否得当，否则就难以取得理想的效果。比如，双方之间的沟通已经进行了一段时间，但一直无法获得突破性进展，而我们又暂时处于有利地位，这时就可以考虑采取“最后通牒”策略。但要是在沟通一开始就使用这一策略，无疑会让自己无功而返。

此外，如果发现对方正处于犹豫的十字路口，只差一步就会就范，这也是我们采用“最后通牒”策略的大好时机，可以促使对方尽快接受我们的要求或条件，而不再拖延时间。

2. 发出最后通牒的态度应当十分坚决

使用“最后通牒”策略想要达到理想的效果，就需要我们以不容置疑的态度向对方发出最后的通知，而且其中所规定的最后时限必须是相当严肃的，容不得讨价还价。我们应当让对方明白该期限是不可能更改或作废的，这也会让对方产生强烈的紧迫感，很有可能让对方迫于压力不得不接受我们提出的条件或答应我们的要求。

3. 注意给对方留下一些考虑的时间

在向对方发出最后通牒时，我们还应当注意给对方留出一些考虑的时间，不要过于催促或逼迫对方。因为在沟通中想要让对方放弃原来的立场毕竟是需要一些时间的，如果我们不断催促，就可能会让对方产生敌意，甚至还会造成反效果，让对方选择终止沟通，那样对我们来说不啻一种损失。比如，有的时候如果对一些犯罪嫌疑人说“时间不多了，给你 1 分钟最后的考虑时间，否则后果自负”，这种不留余地的最后通牒就可能会将对方推向更加危险的境地。

所以我们可以学习一下本节案例中的做法，明确地告诉对方“你们只有一个小时的考虑时间”，这既能避免对方故意拖延，也能给对方留出一定的考虑余地，可以使对方的敌意有所减轻。另外，我们还可以试着向对方提供两种选择，其中一种明显不可取，另一种则是我们希望对方做到的事情。这样对比越鲜明，对方就越明白自己应该做出怎样的选择，而我们的最后通牒也就能够产生实际的效果了。

第七章

把握对象，利用沟通赢在职场

汇报工作，讲究技巧时机

在与上级的沟通中，汇报工作是一个非常重要的内容。我们只有掌握一定的技巧，并注意汇报的时机，才能够进行恰到好处的汇报，也才能够让上级更好地了解我们在工作中付出的努力和获得的成绩，从而能够为我们赢得上级更多的青睐。

在汇报工作方面，破案专家可以说都有一套自己擅长的办法。他们把与上级沟通叫作“上行沟通”，并将其当作一门功课专门研究，由此他们都能够深谙汇报的艺术，可以使上级更快、更准确地领会到他们想要汇报的内容，还便于上级在最短的时间内做出明智的指示，促进工作任务的顺利执行。

破案专家德斯劳利尔斯在汇报工作时就遇到过下面这样的情况：

德斯劳利尔斯刚刚结束了在纽约进行的一次调查取证工作，他回到单位后，马上就来找自己的上级克利夫兰先生。不过到了克利夫兰先生的办公室门外，德斯劳利尔斯正准备敲门，忽然听到里面传来一阵爽朗的笑声。

德斯劳利尔斯连忙收回自己马上就要碰到门板的右手，然后走向一旁的秘书小姐，问她：“克利夫兰先生是在接待客人吗？”秘书小姐回答道：

“是的，从法务部来了几位客人。”

德斯劳利尔斯想了想，又问道：“他们进去多久了？”秘书看了看登记簿说：“有1个小时了。”

德斯劳利尔斯估计距离客人离去还有一段时间，于是他和秘书小姐约好，等克利夫兰先生有空的时候给自己打电话，自己再来汇报工作。

一个半小时以后，德斯劳利尔斯终于获得了与上级沟通的机会。不过，一走进那间办公室，他就看到克利夫兰先生面前的桌子上还摆着几份摊开的文件。他心想上级一定忙碌得不可开交，为了帮上级节省一点时间，他将自己要汇报的内容尽量简化，并选择最重要的几点进行汇报：“我们已经与所有的证人接触过，没有发现可以直接证明嫌疑人有罪的证据。但是我们在嫌疑人发给一位大学教授的邮件中发现了一份关键性文档，其中有一些内容非常值得怀疑。”接着德斯劳利尔斯将手中的文件递给上级，上面已经标注哪些内容是需要引起注意的。

克利夫兰先生对于这个案子的情况也比较熟悉，现在看到了这份内容明确的文件后，只匆匆浏览了一番就掌握了大致的情况。他对德斯劳利尔斯的汇报非常满意，对他进行了一番夸奖之后，又为他安排了下一阶段的任务。

在这个案例中，德斯劳利尔斯能够用非常简短的话语清楚地将自己的工作成果和发现的问题都汇报清楚，在汇报时还考虑到了上级理解上的方便，用更加直观的文件资料配合汇报，使上级对当前任务进展的情况一目了然。从这种汇报工作的方法也可以看出德斯劳利尔斯是一个条理清晰、表达能力完善、善于与上级沟通的人，也难怪他的上级会对他产生好感和青睐。

那么，我们能够从德斯劳利尔斯身上学到哪些实用的汇报工作的技巧呢？

1. 看准汇报的时机

汇报工作一定要注意选择最佳时机，如果只图自己方便，却不顾及上级是否有时间接待我们，那就只会引起上级对我们的反感。所以如果不是特别紧急的问题，我们都要等上级空闲的时候再去汇报。

另外，我们还要注意察言观色，在上级心情不好的时候最好不要去汇报工作，更不要特意提起一些会让上级更加生气的麻烦问题。

2. 巧妙汇报坏消息

假如我们确实有一些坏消息要向上级汇报，最好在上级头脑清醒、心情也比较平和的时候再说，并且一定要注意语言艺术，不能用夸大其词的话语去描述自己遇到的问题和困难，而是应当注意实事求是地描述，这样才能给上级留下踏实本分的好印象。

3. 善于发现问题，并提出建议

汇报工作时不能一味宣讲自己的努力和成绩，也要谈一谈自己在工作中发现的问题，这样可以让上级发现我们是在边工作边思考，而不是一台只知道按部就班地完成任务的工作机器。

当然，我们不能只将问题抛给上级就算了事。在汇报工作之前，我们应当准备好解决问题的方案，并对上级这样说："对于我发现的这个问题，我也想到了一些解决方案，不知是否合适，还请您批评指正。"这样的做法一定会给上级留下非常深刻的印象，哪怕我们提出的方案并不完善，也会让上级留下"勤于思考、有务实精神"之类的好印象。

4. 汇报内容详略得当

在汇报工作时，我们要避免事无巨细的长篇大论。要知道，上级能够用来认真听我们汇报的时间是非常有限的，所以我们必须抓住有限的时间，像案例中的德斯劳利尔斯那样进行详略得当、重点突出的汇报，让上级能够记住我们汇报的内容，并对我们刮目相看。

为此，我们在汇报前应当认真准备一番，最好能够把自己要汇报的内容列出提纲，并标出其中的重点，然后在汇报时务必将这些重点问题讲清楚，让上级能够加深印象。至于那些重要性一般的细节问题则只要点到即可，无须过多解释。

5. 汇报内容条理分明

汇报工作时为了让上级能够听得清清楚楚、明明白白，我们还要注意将自己的汇报内容理出层次，分清逻辑顺序，然后条理分明地对上级宣讲。比如在汇报工作时可以先说自己取得的收获，再说自己的具体做法，然后讲自己发现的问题和通过思考得出的建议等，其中每一部分的内容还可以分成几点，然后按照“第一”“第二”“第三”的顺序阐述，这样不但汇报起来更加省力，还能够给上级留下“思路清晰”“办事干练”的好印象。

最后需要提醒的是，在向上级汇报工作时，我们可以对语言进行少许的加工和润色，但一定不能脱离事实基础，更不能凭主观想象随意编造自己的功绩。总之，汇报工作要遵循实事求是的原则，切勿抱着投机取巧的心理弄虚作假，否则一旦被揭穿就可能让上级对我们产生难以改变的坏印象，所以我们应当时刻谨记一个原则：永远以事实真相为准绳。

上行交流，考虑上级性格

破案专家拉腊·夸伊曾经这样说道："我们谁都不能避免要和上级打交道的情况，我们每个人的上级往往也各具特点，所以在进行上行交流的时候，应当考虑到上级的性格，才能赢得上级的更多好感。"

诚如夸伊所言，在职场中确实存在各种各样的上级，他们中有的可能比较喜欢被人迎合、奉承，但有的则很讨厌没有缘由的吹捧；有的可能比较喜欢接受忠告，但也有不轻易相信他人的上级；有的性格谨慎，在决策时总是十分慎重，但也存在性格武断的上级，在决策时做出一些错误的判断……由此可见，我们在进行上行交流的时候不能采取什么通用的办法，或是遵循什么一成不变的原则，而是应当从上级的性格特点出发，巧妙地与他们进行沟通。

夸伊曾经遇到过这样一件事情：当时，夸伊还是一位助理特工主管（ASAC），有一次，她的上级，一位特工主管（SAC）让她到办公室来谈话。

夸伊怀着忐忑不安的心情走进了上级的办公室，她与这位上级已经共事超过3年，所以对上级的行事风格和性格特点可以说是了如指掌。在她心目中，这位上级是一个地地道道的实干家，很少会为一些鸡毛蒜皮的小事耽误下属的时间，所以她猜测上级一定有什么重要的事情要通知自己，为此她也抖擞起精神，准备好好应对上级交办的任务。

一见到夸伊，上级首先微笑着与她寒暄了几句，夸奖她平时工作效率高，表现出色。接着上级很快转入正题，对夸伊说："现在总部有一个去外国进行刑事技术交流学习的机会，我们这个组只有3个名额，我希望听听你的看法，看看哪些人能够获得这个难得的机会。"

夸伊当然知道自己的组员谁都不会拒绝这个"好差事"，可是名额实在太有限了，如果选出了3位成员，剩下的8位成员或多或少总会有些抱怨的心理。她一边思考着这个棘手的问题，一边偷偷打量上级的脸色，她发现上级的表情非常笃定、平静，便猜测上级心中可能已经有了主意，只不过还想听听自己的意见，好做个参考。

于是夸伊用谨慎的语气对上级说："总部能够给我们这么难得的机会，我相信每一位同事都会非常高兴，因为这不仅是一次外出交流的机会，更是一次学习和提升自我的机会。不过如果非要让我从11人中挑出3人，还确实是很让我为难的，因为我觉得每一位同事都有资格出访国外。"

听着她的话，上级连连点头："不错，我也有这种感觉，不过我已经想好让你和威廉、亚当一起去。你觉得这个安排怎么样？"

听到上级对自己的首肯后，夸伊还是比较自豪的，不过她也考虑到了其他同事的情绪，她的脸上露出了为难的表情："其实大家都付出了很多，我担心其他同事会有意见。"

上级听到这里，果断地大手一挥："不必担心，你们三个的表现一向是有口皆碑的，我想其他同事也会心服口服。"

就这样，夸伊成功地获得了去国外进修的机会，而且还给上级留下了谦虚谨慎的好印象。

在这个案例中，夸伊对上级说一不二、雷厉风行的性格非常了解，所以没有冒冒失失地提出自己的意见，而是顺着上级的话进行交流，并在自己的话语中流露出对同事关心、照顾的情绪，给上级留下了很好的印象。

我们在平常的工作中，如果遇到与上司沟通和交流的机会，就不妨像夸伊这样，从上司的性格特点出发，采用恰当的沟通策略，让自己既能够取得良好的沟通效果，又能赢得上司的认可和好感。

那么，我们应当怎样弄清上级的性格，并有针对性地去沟通呢？以下这些建议可供我们参考。

1. 上级性格急躁

上级性格急躁，往往会表现出雷厉风行、拒绝拖泥带水的特点，他们常常会要求下属快速执行、拒绝推诿，尤其是在追求高效的单位和部门，上级在决策时会争分夺秒、拒绝任何拖延。不过也由于这样的性格，他们可能会对一些问题缺乏深思熟虑，由此就容易出现草率决策、朝令夕改的问题。

对于这类性格急躁的上级，我们在与其沟通时要注意凸显自己的工作成效，切忌拐弯抹角让上级失去耐心。另外，如果遇到问题，应当及时与上级沟通，千万不能拖到问题严重时再向其反映。此外，如果在工作中发现了不妥之处，最好能够准备几套具体的解决方案，然后上报给上级，供其定夺，这样既能够彰显我们的工作能力，又能方便上级查缺补漏，让上级对我们留下很好的印象。

2. 上级性格拘谨

这类上级与急躁性格的上级在很多方面都是正好相反的，如性格拘谨的上级可能会表现得缺乏魄力和胆量，他们遇事习惯瞻前顾后，事事小心谨慎，要将所有问题都考虑得十分透彻后才会有所行动。这样做好的一方面是能够避免疏忽和遗漏，但坏的一方面则是效率较低，容易误事，而且因为害怕出错，他们常常会表现得因循守旧、不懂变通。

对于这类上级，我们在与其沟通的时候一定要有耐心，不能急躁冒进，以免引起他们的反感；另外，这类上级向我们布置任务时，我们不妨多问一些细节，特别是一些重要的细节一定要请上级亲自敲定，这样也能让他们感到更加放心；此外，如果我们认为上级的优柔寡断可能会影响当前的任务进程，那么也可以适当地提醒，但一定要注意用语礼貌谨慎，不能让他们有被催促的感觉。

3. 上级独断专行

这类上级往往个性很强，喜欢搞一言堂，总希望下属可以无条件地听从自己的安排。他们不允许有任何反对的声调出现，也不愿意接近下属，所做出的决策可能会有脱离实际的情况，而且这类上级因为事必躬亲，所以常常会让自己筋疲力尽、疲于奔命。

对于这样的上级，我们在与其沟通时，要以服从安排为主，保留意见为辅，切勿不断地提出自己的反对意见，以免触犯上级的尊严，让他们把所有的“火力”都集中在我们身上。明智的做法是在上级心情平和、愉快的时候，我们再以商量的口气提出自己的一些看法，这样一来，即使上级的内心可能会有点儿不舒服，但他的反应一般不会特别激烈。而且他能够静下来了解我们的一些建议的时候，还可能会发现我们的才华，并极有可能对我们刮目相看。

4. 上级个性自负

这类上级往往自视甚高，而且又爱面子，非常不喜欢在公开场合被下属指出自己的错误。而且他们的表现欲望往往非常强烈，遇事渴望出风头，因此偶尔可能会有与下属争功的情况出现。

对于这样的上级，我们在与其沟通时一定要充分顾及他们的面子，不能直白地指出他们的失误之处。如果确实需要向他们提意见的话，最好等到私下的场合进行，或是用电子邮件、即时通信等更加私密的手段将自己要说的话传达给他，供其参考。另外，我们还要注意给这类上级足够的时间和空间去表现，并且要多将荣誉让给他们，切勿因为争功而与其发生不必要的争执。

当然，上级的性格特点远不止以上 4 种，有些上级的性格也可能没有表现得如此明显，可能需要我们在长期的工作中慢慢揣摩才能更好地领会。所以，我们在与上级沟通时，要注意无微不至地观察和小心谨慎地处事，这样才能避免出现纰漏。

平级沟通，注意恰到好处

平级沟通就是级别相当的同事之间的沟通。关于平级沟通，破案专家爱德华·米勒指出：“平级沟通要遵循平等友好、把握距离的原则，才能取信于人，并可以让自己赢得和谐的职场人际关系。”因此，在平级沟通中要做到尊重同事、平等待人，同时还要把握“恰到好处”的距离，避免侵犯同事的职权空间。

在下面这个案例中，两位破案专家在沟通中就注意做到“恰到好处”，使得双方可以最大限度地凝聚成一个团队而实现共赢。

1978 年 1 月的一天，加州警方接到一名货车司机的报警，他声称自己下班后一到家，就发现 22 岁的妻子被人残忍地杀害于他们所租住的房间里。更可怕的是，司机的妻子还怀有 3 个月身孕，而凶手毫无人性地剖开了她的腹部，取走了胎儿。

由于案情严重，警方马上选择向 FBI 求援。随后，破案专家鲁斯·沃帕吉尔被紧急调往当地。沃帕吉尔在了解了案件的大致情况后，向总部申请需要一位心理学专家帮助侦办此案，于是，擅长罪犯心理侧写的罗伯特·K. 雷斯勒开始与沃帕吉尔合作办案。

在案件调查过程中，两位专家建立起了亲密的合作关系，由于雷斯勒无法长时间停留在当地进行调查，沃帕吉尔就经常用电报与他及时地交流信息。在这些电报中，沃帕吉尔将自己在案发现场发现的一些疑点毫无保留地告知了雷斯勒，而雷斯勒也发挥所长，开始对罪犯的动机进行深入分析。

在反复研究之后，雷斯勒得出结论，认为罪犯应是25岁左右的白人男性，身材瘦削、外貌邋遢，而且很有可能有精神病史，此外还可能是单身，有个性孤僻、对异性有强烈的仇视心理等特征。

在当时心理侧写还是一种比较新颖的侦破技术，所以有一些探员对于雷斯勒的罪犯"画像"表示了不信任的态度，但是沃帕吉尔却没有提出任何异议。他拿着雷斯勒做的罪犯侧写到当地各处警局去收集线索，而雷斯勒也在不停地丰富着罪犯的"画像"，使得他们距离目标人物越来越近。

后来，雷斯勒又推测出罪犯可能有恋物癖，并可能偷窃过女性的内衣，根据这条新的线索，沃帕吉尔组织了六十多名警察进行了大范围的排查工作，最后终于锁定了这名罪犯的下落，并成功将其抓获。

事后，雷斯勒受到了嘉奖，表彰他为侦破案件做出了突出的贡献，但是雷斯勒认为这个功劳并不是自己一个人的，因为如果没有沃帕吉尔的全力配合，案件也不可能侦破得如此顺利。后来，这个案件成为侦探历史上的经典案例，而两位破案专家也因为此案成了亲密的朋友。

在这个案例中，我们可以看到，两位破案专家在进行平级沟通时注意尊重对方、平等相处，对于对方提出的建议也能够虚心接受，并及时采纳。不仅如此，双方都很注意维护对方的尊严和荣誉，做到了"恰到好处"。

他们专心做好自己的分内事，不会对对方的工作指手画脚、横加阻挠。更值得一提的是，在最终胜利完成任务的时候，两位同事也没有争抢功劳，表现出了极高的个人素质。

从这个案例中，我们也可以总结出一些平级沟通时应该遵循的原则，掌握了这些原则，将让我们与同事之间能够进行更加密切的合作。

1. 以平等的姿态进行平级沟通

在进行平级沟通时，我们应当在自己的言语中体现出平等、尊重的态度。为此，我们要注意使用一些更容易让对方接受的说法，而不要采用过于生硬的说法，不给对方留下思考和商量的余地。比如，我们想让平级的同事帮我们一个忙，那就可以用“请帮我……”“麻烦你……”的说法来与同事进行沟通，切勿用“你必须……”“你赶紧……”之类生硬的说法去命令同事，那会让同事感觉很不舒服。他们不但不会帮我们做这件事，反而还有可能和我们争执不休，带来很多不必要的麻烦。

另外，在与平级同事沟通时要注意多用温和、亲切、商量的语气来说话，同时要避免使用威胁、霸道的语气。比如“你再不把报告交出来，这个案子我就不管了，你后果自负”，这种带有强烈威胁性质的话语会让同事感觉受到了莫大的侵犯，他们势必据理力争，由此就可能造成比较严重的后果，不仅会干扰正常工作，还会破坏我们的人际关系。

2. 加强交流，促进理解

在政府部门、企事业单位中，平级交流之所以常常出现障碍，同事关系不协调，就是因为同事之间缺乏沟通、信息交换不到位。要预防这种状况，就要求我们在平时的工作中对同事要坦诚相待、主动沟通，不要总是保持着冷漠的态度，对同事的问询爱搭不理。

为此，破案专家提醒我们，在进行平级沟通时，要表现得主动、热情一些，如果工作中遇到需要共同处理的事务，可以在同事方便的情况下，与其探讨解决，而不要总是依靠单打独斗。比如我们可以主动对同事这样说："你看这个问题我需要怎么配合你？"由此就能表现出沟通和合作的意愿，并能让同事愉快地接受。

3. 不要轻易否定平级同事的方案

在与同事交流的时候，要注意表现出真诚、尊重的态度，不要流露出偏见和轻视。即使同事表达的意见和看法我们感到无法认同，也不要鲁莽地立刻对其否定，否则会让同事反感。

对此，破案专家指出，在平级沟通中如果出现了异议，正确的做法应是在认真聆听完同事的方案后，总结其中可以接受的观点和不能认同的观点，然后提出自己的理由供同事参考。比如我们可以这样对同事说："你的观点对我很有启发，特别是这几点……不过我觉得这里还有一些可商榷之处……"这样既能够给同事留足面子，又便于双方理性思考，找到解决问题的最佳方案。

4. 处理好与平级同事之间的矛盾

与平级同事之间出现矛盾是难以避免的事情，这时候我们不要与同事陷入无意义的争辩，而是应当本着顾全大局、维护团结的宗旨，不要过分纠缠于一些无关紧要的小事。同时，我们还要牢记"对事不对人"的原则，可以采取主动的态度，善意地找机会与同事交流，想办法采取措施化解彼此之间的矛盾。

比如，破案专家在与同事发生矛盾后，就可能会这样对同事说："我刚才冷静地思考了一下这个案件，感觉确实有一些考虑欠妥之处，可能引起了你的误解。现在我们重新开始讨论这个案件，争取圆满解决，好吗？”这样不但不会伤了和气，还有可能在新的基础上，建立起更加牢固的合作关系。

除此以外，与平级同事沟通时应当注意分清各自担负的职责，不能越过职权范围对平级同事指手画脚，更不能用命令的口吻对同事发号施令，这样才能与同事建立起互相信任、真诚合作的关系。

下达指令，注意清晰准确

在下行沟通中，比较常见的是上级向下属下达指令的情况。有人可能会觉得下达指令就是上级简简单单地对下属发号施令，可实际上，这种下行沟通是非常讲究艺术的。破案专家林特·范·赞特就曾经这样说过：“作为上级，我们在下达指令、安排任务的时候不能随心所欲，而是应当遵循清晰、准确、具体的原则，要让下属能够目标明确地去执行，这样才能让下行沟通得到应有的效果。”

有这样一个因为上级下达指令不当而引起下级错误执行的悲剧。

20 世纪 30 年代，一个绰号为“娃娃脸纳尔逊”的悍匪莱斯特·吉利斯在全美四处作案，他先后抢劫了多家银行，并在抢劫过程中肆意射杀无辜的路人。1931 年，吉利斯被警察抓获，并被判处终身监禁。可就在法庭引渡他到某城市受审的时候，他居然成功越狱，并很快再次组织起了自己的犯罪团伙。于是，调查局（Bureau of Investigation，简称 BOI）将吉利斯列入了全国通缉的名单，对其展开了全面追捕。

1934 年 4 月，调查局的探员们得知吉利斯带着家人到威斯康星州北部的别墅度假，于是由 30 名探员组成的特别行动队浩浩荡荡地从总部出发，来到了这里。当时带队的官员本以为这次围捕行动是手到擒来的事情，所以他在下达指令时非常草率，只是告诉大家要去包抄吉利斯的别墅，但具体怎样操作，是否需要安排后援等细节问题，他都没有进行深入的考虑。

结果事情的发展出人意料，当探员们还未接近别墅时，就听见了此起彼伏的狗叫声，同时屋内的犯罪分子也都被惊动了。探员们慌乱地向别墅奔跑过去，却在别墅门口遇到了一辆堵路的汽车，一位急于突入别墅的探员仓促开火，击毙了驾驶员。可事后才知道这辆车上的人员与本案毫无关系，他们只不过是一些恰好路过的游客而已。

在混乱的场面中，吉利斯等人从后门冲出，并劫持了一辆汽车逃走。在半路上，因为汽车抛锚，吉利斯又洗劫了一间民居，劫持了数名人质，与随后赶来的探员们展开了激烈的对峙。由于担心人质的安危，探员们不敢随意开火，结果遭到了吉利斯的火力压制。一名探员当场牺牲，另外两名探员也身受重伤，而吉利斯则抢过探员的汽车，再次逃脱……

在这次堪称灾难的围捕行动中，我们可以看到由于上级下达指令的不清晰、不准确，造成了下属协调有误、行动失当，不仅没能成功地完成抓捕任务，反而付出了惨痛的代价。

在一次围捕毒贩的行动中，特别行动小组的一位官员就将 20 多名探员分成了 3 个小组，并下达了明确的突破指令："第一组从前门进入，并施放催泪瓦斯，伺机进行突破；第二组到后门提供协助，防止出现漏网之鱼；第三组在附近的高楼上寻找狙击的最佳点位，并做好埋伏。"除此以外，这名官员还规定了每个小组的行动时间，要求他们必须在 3 分钟内各就各位，然后等待统一指令，同时开始行动。

在这种目标明确、表述清晰的指令之下，每个人都很清楚自己应当如何去做才能在行动中充分发挥作用，因此每个人都能够表现得从容不迫，并能够与其他同事协调一致，配合默契。最终，特别行动小组在这次行动中成功突破了这所被毒贩控制的住宅，并迫使毒贩缴械投降。由于各小组行动效率极高，整个行动时间没有超过 10 分钟，而且无一伤亡。

通过对比这两次围捕行动中上级领导者下行沟通的特点，我们可以总结出上级在向下级下达指令时需要注意的一些技巧和原则。

1. 下达指令时语言要尽量准确、完整

破案专家提醒我们，作为上级，在下达指令时，一定要正确地传达自己的意图，让下属不会出现理解上的偏差。所以我们在向下属下达指令前，首先要对指令进行反复思考，看看自己要表达的信息是否清晰、完整，然后争取一次性下达完整的指令，而不要事后想到什么再去补充，因为那会让下属感到迷惑而可能影响到执行的精确性。

另外，我们还可以尝试从下属的角度来理解一下自己发出的指令，看看是不是能够让下属一听到指令就知道应该如何正确地执行。为此，我们可以用“5W2H”的法则来评估自己下达的指令。所谓“5W2H”，指的是任务的时间（When）、地点（Where）、执行者（Who）、为了什么目的（Why）、任务内容（What）和完成方法（How）、需要多少工作量（How much）。只有我们在指令中明确地告知下属这些内容，才能让下属清楚地知道自己应当去做什么和怎样去做。

2. 下达指令时描述要尽量具体

在下达指令时，我们还要避免用一些模糊不清的词语来描述任务，如“你们几个去包抄那幢别墅，别让人跑了”，类似这样的指令就是不够清晰

的，下属在接到这样的指令后会感到非常茫然，所以我们必须具体地告知他们应当如何去“包抄”，如何去“处理”。

比如，可以将上述指令改为“杰森、汤姆、科恩，你们三个去前门，注意不要发出声音，特别是不能惊动歹徒养的狼狗；坎贝尔、强尼，你们两个去后门，堵住后面的出口”，这样一来，指令就会显得非常具体且容易执行，而下属在行动时也就不会感觉茫然无措了。

3. 避免传话使指令变味

有的上级为了图方便，习惯把自己的指令传递给副手、助手、秘书，再让他们向基层的成员转达，这样做固然能够节省不少时间，可是指令在传达的过程中，难免会出现变味的情况。

比如，一位官员就曾经遇到过这种问题，当时他接到上级的通知，要求他组织部门全体成员身穿作战服在上午 10 点到大厅集合，以迎接一位高管的到来；这位官员将这个指令转达给了自己的助手，而助手又转达给了其他人，经过几次转述后，该指令完全失真，变成全体成员集体列队到机场去迎接该高管。这个结果让这名官员哭笑不得，所以此后他在下达指令时就注意减少转达的层次，如果是比较重要的指令，他就会直接下达给所有下属，以减少指令变味失真的可能。

当然，在下达指令时还有很多具体的技巧，需要我们在具体的工作中摸索、实践并逐步提高。只要我们能够学会正确地下达指令，就可以让下行沟通达到事半功倍的效果，让下属的执行力逐步上升，而我们作为上级的权威性和领导力也会更加巩固。

下行沟通，讲究恩威并施

在进行下行沟通时，有一种“恩威并施”的沟通方式可以供所有的上级参考。很多破案专家就很喜欢用这种方法来与下属沟通，如破案专家托马斯·富恩斯特就曾经这样说道：“在与下属沟通时要懂得恩威并施，也就是说，对于下属的失误，我们不能姑息，要指出他们的错误，督促他们改正，同时还要树立我们作为上级、主管的威信，让下属对我们的指令心甘情愿地服从。另外，我们还要对下属经常进行适度的关心、鼓励，并要及时表彰他们的贡献，这样才能够得到他们的衷心爱戴。”

富恩斯特曾经用下面这个故事来启发下级官员正确与自己的下属进行沟通。

2011 年，在密西西比州发生了一起震惊美国华人圈的凶杀惨案：一对陈姓夫妇及陈太太的胞姐李女士，被残忍地杀害于一栋民宅里。这对陈姓夫妇在当地拥有一家中餐厅，经过十余年打拼后，他们一家已经在美国稳稳地扎下脚跟，过着富足、安定的生活。

可万万没想到他们平静的生活竟会以这种悲惨的形式结束，当时发现尸体的是陈姓夫妇年仅 8 岁的女儿，她在放学回家后看到了屋内的惨状，吓得惊慌失措，一连跑了几个街区，才找到一位熟人帮自己报了警。

当时警方负责外联工作的杰森只有一年半的工作经历，对于重大事件的处理还不够老练，他没有注意约束媒体的行为，结果当警方展开调查时，他们的一举一动几乎都在媒体的“监视”之下，让他们感到束手束脚。更糟糕的是，在媒体疯狂的追问下，杰森将一些不适合向外界透露的最新进展告诉了媒体，使得嫌疑人有所防备，也给案件的侦破工作造成了更大的困难。

在这种情况下，杰森的长官鲍威尔不得不对他进行了一番严肃的批评，鲍威尔用非常严厉的语气对杰森说：“我知道你刚入行不久，但是这并不是你工作失误的借口。你知不知道因为你随意泄露情报，有多少同事这几天辛勤工作的成果成了泡影？我真不知道你是如何通过培训并被录取的，保守机密难道不是每一位探员都应该遵守的基本原则吗？”

鲍威尔的批评让杰森又羞又愧，他的脸色变得通红，好半天都说不出一句话来。鲍威尔忍不住追问道：“你怎么不说话？难道我批评得不对吗？”

杰森其实早已对自己的行为后悔不迭了，他低垂着头，小声地嗫嚅着：“我……我以后一定……”鲍威尔看到他确实有诚心改过的意愿，便也不再对他继续逼问，而是做了一番自我批评：“算了，你也不要有太大压力。这件事情其实我也有责任，我应该安排一位有经验的探员和你一起负责外联工作，就不会造成现在这样的局面了。不过我相信你已经吸取了教训，那么下一步我就看你的表现了，希望你不会让我失望。”

听完鲍威尔安慰的话后，杰森感觉轻松了很多，他也能够明白上级的一番苦心。按理来说，出现这样的失误，他可能会被停职，可是上级却帮他分担了不少“罪责”，让他可以继续留在岗位上工作，这让他觉得十分感激。在离开办公室前，他恭恭敬敬地向鲍威尔鞠了一躬，并诚恳地保证道：“我一定会努力把工作做好的。”

从那以后，杰森果然如鲍威尔所愿，更加踏实、认真地对待工作，再也没有出现过因为考虑不周而造成的失误。

在这个故事中，我们可以看到鲍威尔正是通过“恩威并施”的下行沟通办法，让下属能够深刻认识到自己的错误，并能够认真反省。而且在批评下属之后，这位上级又考虑到下属的心情比较压抑，所以采取了自我批评的方法，好让下属找回一些心理平衡。另外，这位上级也没有忘记用温暖的话语对下属表示殷切的期望，使得下属感觉受到了鼓励，因而能够以百倍的热情投入工作中，并取得了良好的成绩。

作为上级，我们在与下属进行沟通和交流的时候，就不妨参考一下鲍威尔的做法，对下属“恩威并施”，让下属能够更加信任和爱戴我们，也更愿意服从我们的管理。

具体来看，要想在下行沟通中运用好“恩威并施”的艺术，就应当注意做好以下几点。

1. 不要抓住下属的错误不放

有的上级习惯将自己的正确性和权威性看得过重，在下属已经认识到自己的错误以后，仍然得理不饶人，抓住问题不放，这就是一种“只立威不施恩”的做法，会让下属的情感和自尊遭到严重损害，也会影响下属对上级的看法。

因此，我们要注意“恩威并施”，如果发现下属确有改正之意，就不要穷追不舍，而是应当对其进行适度的鼓励，以帮助他们改正问题或缺点。比如在本节案例中，鲍威尔在批评下属时就注意“见好就收”，让下属能够在认识到自己的错误的同时，也不会产生其他的心理负担。更可贵的是，鲍威尔还谦虚地进行了自我批评，帮助下属分担了一部分责任，这样的做法能够让下属深受感动，也能够得到下属的真心拥护。

2. 带着宽容之心看待下属的错误

生活中从来都没有完美无缺的事情，也不存在十全十美的完人，所以对于下属的错误和不足，作为上级要给予足够的宽容之心，不要总是求全责备。作为上级领导，对于下属的过失不要给予过于严厉的斥责，要考虑到他们的情感是否能够接受，以免加重他们的挫折感，使他们怀疑自己的工作能力，甚至丧失信心和积极性。这时就需要我们拿出一些宽容之心，用“恩威并施”的方法与下属进行沟通，将情感寄寓于合理的批评中，这样才能帮助下属认识到自己的问题，并保护好他们的工作积极性。

3. 批评下属的语言要注意刚柔并济

为了做到在批评的同时以情感人，我们还要注意用刚柔并济的语言去沟通。所谓“刚”就是在原则问题上不马虎、不含糊，要清清楚楚地向下属讲明白他们的错误具体在哪里；而“柔”就是要讲感情，要让下属切实地明白我们的批评是“对事不对人”。

我们还可以帮助下属认识到问题的严重性，使他们发现我们之所以批评他们，根本目的还是帮助他们取得进步，这样下属就会受到触动，能够以积极的态度去面对批评，也会乐于改正自己的错误了。

4. 平时多关心抚慰，消除情感隔膜

在进行下行沟通的时候，我们不能一味注重树立自己身为上级的威严，而是应当适当地向下属施恩，平时可以多对他们说一些关心和抚慰的话语，以消除上下级之间的隔膜。而在下属通过努力工作取得了成绩之后，我们也不能忽略给予他们物质与精神方面的奖励，使他们的自尊心能够得到极大的满足，之后他们对待工作就会更加投入。

总之，在下行沟通方面，我们既要注意“立威”，又不能忽略“施恩”，只有真正做到“恩威并施”，才能激发下属身上的能量，使执行更高效、组织更协调、沟通更顺畅。

第八章

高效交流，玩转多种沟通方式

电话沟通，细节决定成败

在当今社会，随着通信技术的发展，电话沟通成了十分普遍的沟通方式，它使得人与人之间的联系变得更加方便快捷，而移动电话——手机更已经发展成为几乎人人必备的沟通工具之一。不过，虽说电话为日常沟通提供了便利，人们也大都能够熟练操作这类通信工具，但是却不一定都能够掌握沟通的细节，有时还可能会因为一些小细节不到位而影响沟通的效果。

对此，破案专家戴维·约翰逊说道："电话沟通是一件'细节决定成败'的事情。因为打电话或用手机的时候，对方看不到你的脸，感受不到你的喜怒哀乐，你也不可能借助肢体去提升表现力，你所有的只是你的声音，所以语速、语调、语气、声音等细节都要十分到位，这样才能够清楚传达自己的意思，并有可能让对方信服。"

关于电话沟通，破案专家还曾经做过这样一个有趣的实验：

他请几位探员分别给几位随机挑选的证人打电话，并在电话中询问了一些简单的问题。

探员A在对方接听电话的时候是这样说的："我是莫得探员，现在要问你几个问题，请你配合一下。”他的语气听上去比较生硬，一副公事公办的态度。对方显然有些恐惧，在回答的时候非常拘谨，甚至有些语无伦次，结果探员 A 没能从对方口中获得多少有价值的信息。

探员 B 在电话沟通的时候更加不注意态度，他大大咧咧地对对方说道：“伙计，把你知道的事情都告诉我，否则我可能会给你点苦头尝尝。”他以为用这样带有恐吓性质的话语会让对方屈服，并心甘情愿地说出全部实情。没想到对方是个吃软不吃硬的人，居然在电话里和他对骂起来，还说要投诉他“恐吓证人”。结果探员 B 不但没能打探到自己需要的情报，反而平白无故被证人抢白了一顿。

轮到探员 C 进行电话沟通的时候，他注意吸取其他同事的教训，在对方接听电话后，他马上用亲切、礼貌的语气跟对方打了个招呼，问对方“现在说话是否方便”，在得到肯定的答复后，才对对方说明了来意：“约翰逊先生，我是 ×× 探员，现在有几个问题需要向您取证，不过请您不要惊慌，这只是一次普通的问询，请您放心回答。”听完探员 C 的话后，对方表示了理解，然后心平气和地回答了探员 C 的问题，让探员 C 取得了比较满意的沟通成果。

在这个实验中，探员 A 和探员 B 在进行电话沟通时都没有注意到一些必要的细节，使得沟通对象的情绪受到了影响，导致沟通走向了不利的方向。而探员 C 的做法则与他们相反，他在电话沟通中十分注意各种细节，如礼貌细节、称呼细节、语气细节等，而且他考虑到了对方可能会产生抗拒心理，所以他细心地解释了自己的来意，让对方消除了紧张心理，这也是对方愿意对他吐露实情的原因之一。

由此可见，如果我们想要与他人进行电话沟通，就应当像探员 C 这样注意沟通时的每一个细节。具体来看，在电话沟通时要注意的细节主要有以下几个方面。

1. 言语方面的细节

在进行电话沟通时，首先要注意的细节就是言语方面的细节，具体可以体现为以下几点：

（1）表现出明确的目的性。

在电话沟通时，我们一定要注意目的明确、主题集中，要让对方能够迅速地了解我们打电话的目的和意图。所以我们最好在打电话之前先打个腹稿，让自己能够用比较清楚的语言讲清楚问题，同时要避免说一些与沟通主题无关的话语。

（2）语言要简洁有力。

用电话沟通切忌拉拉杂杂地讲一堆烦琐冗长的话语，那会让对方失去听下去的耐心，会让沟通的效果大打折扣，所以我们要注意采用简洁有力的语言，多使用对方易听好懂的短句。为此，破案专家在培训新手探员时要求他们尽量在 3 分钟内打完电话，所以探员们都会逐渐养成说话简明扼要、言简意赅的好习惯。

（3）多使用礼貌用语。

在电话沟通一开始，我们就应当向对方进行礼貌的问候，使对方能够对我们产生较好的印象，这对于顺利沟通能够产生不少促进作用。另外，我们在沟通时要多说“请”“谢谢”“抱歉”“麻烦你”之类的礼貌用语，而且在结束通话时也要有礼貌地向对方告别，并最好等对方先挂电话之后，我们再放下电话，像这些礼貌的细节都能影响对方对我们的态度和看法，所以一定不能忽视。

2. 声音方面的细节

为了让电话沟通能够达到最佳效果，我们还要特别注意声音方面的一些细节：

（1）发音。

发音准确清晰，是我们能够与他人进行顺畅的电话沟通的基础，而这要求我们要注意清楚地吐字，把一整句话中的每一个字都读准。我们在发音时不要含含糊糊，也不要发错音、读错字，否则会让对方听不清，听不懂，弄不明白我们要表达的意思，就更谈不上和我们进行高效的沟通了。

（2）音量。

进行电话沟通时还要注意自己的音量，不能为了让对方听清而对着电话大喊大叫，那会让对方感觉非常刺耳，会引起对方的不快，继而会影响到沟通的顺畅。但若是音量过小，那也会让对方听不清楚或听得十分吃力，所以我们要注意采用适当的音量。如果觉得拿捏不准，可以在与同事、亲人通电话时让其帮忙评估一下自己的音量，这样就能做到心中有数了。

（3）语气。

电话沟通时语气细节也是非常关键的，如果我们能够用柔和、亲切、温暖的语气说话，就能够让对方愿听、爱听，沟通的效果也会比较理想。但若是我们通话时的语气非常生硬、严肃，甚至是很不客气的，那就会让对方觉得很不舒服，不仅会影响沟通效果，还可能引起对方的反感。所以我们平时要注意自己通电话时的语气，如有必要，可以参考破案专家的自我训练方法——将自己通话的声音录下来，反复比较语气，多次练习，从而不断改进。

（4）语调。

电话沟通时语调应当做到抑扬顿挫、富有变化，这样对方才会听得进去，否则，如果一直使用同样的语调通话，就会让对方听得索然无味，甚至还会心生厌烦。因此，我们在电话沟通时要注意根据自己说话的内容调整语调，如讲到激动人心的内容时可以采用慷慨激昂的语调，讲到一些悲伤的事情时则可以采用低沉的语调，这样对方不仅会听得更有趣味，还有可能在情绪上受到感染，沟通的效果就会更加完美。

（5）语速。

在电话沟通中，我们还要注意采用适当的语速和节奏。因为语速过快、节奏过于急切，就会影响我们表达的清晰度，可能让对方越听越迷糊；但话语若是过于慢条斯理，节奏也缺乏变化，又会让对方失去听下去的耐心。因此，想要让电话沟通取得良好效果，就一定要掌控好语速和节奏。

比如，破案专家就会录下自己通话的声音，并在事后反复回放，以测试自己的语速是否能够让对方接受。另外，他们还会请朋友和同事对自己的语速、节奏等进行评判，或是在通话期间直接询问对方“我是不是说得太快了 / 太慢了”，然后根据对方的意见来调节自己的语速，以更好地迎合对方的需要。

3. 身体语言的细节

在进行电话沟通时，我们虽然没有与对方发生面对面的接触，对方看不到我们的表情、动作等，但这并不意味着我们就可以忽视这方面的细节。

破案专家告诉我们，表情也会影响我们声音的表现力，如微笑的同时声音也会不由自主地变得轻快起来，而板着脸的时候声音也会变得沉闷凝重，所以如果我们想要与对方沟通一些轻松的话题，就应当带着微笑的表情打电话。

另外，我们在进行电话沟通时，为了不至于走神，还要注意目光和动作等细节，比如我们的目光应当注视身前不远不近的地方，不要东张西望，以免影响注意力的集中。此外，我们在进行电话沟通时不要同时吃东西、喝水、嚼口香糖等，这一方面会引起走神，另一方面也会让对方觉得不礼貌，会让对方不愿意继续与我们通话。

4. 接听方面的细节

在接听电话时，为了表现自己的礼貌和体贴，使沟通得以顺利进行，我们也要注意一些细节。比如，听到电话铃响两遍就应当及时接听，不要故意拖着不接。如果手头确实有某些事耽误了及时接听，那我们在拿起听筒后也应当及时向对方表示歉意，如可以对对方这样说："对不起，让您久等了。"这样可以有效消除对方等待的不快。

另外在接听电话的同时，我们还要注意做好电话记录，要记清楚来电人的姓名、单位名称、通话内容、来电时间等，并且不要忘记让对方留下联络号码，方便我们回电沟通。

5. 回应方面的细节

在电话沟通的过程中，我们还要注意回应对方时的各种细节。比如，对方谈兴正浓的时候我们不要轻易打断，而是应该认真听其说话，并配合着说些"对""好吧""是的"这样的语言，这可以让对方感觉受到了鼓励，他们会愿意说出更多信息，而且还会对我们产生不少好感。

6. 手机沟通时的细节

如果使用手机沟通，我们还要注意一些手机使用的礼仪细节。比如在不同的沟通场景下，要将手机设置为合适的模式，尤其是在会议、谈判、培训等场合，要注意设置手机静音，以免手机铃声、通话音量干扰到他人。而在公共场合要注意不能旁若无人地使用手机大声讲话，以免给他人留下不礼貌的坏印象。

此外，如果想用手机短信与他人沟通，那就要在编写短信时注意用语规范、表意清晰，并最好在短信中留下自己的姓名，以方便对方知晓短信的发送人。

电子邮件，注意规避风险

在互联网盛行的今天，电子邮件凭借快捷迅速、费用低廉等优势，成为人们沟通交流时广泛采用的一种方式。通过电子邮件，我们不仅可以传递包括文字、图像、声音在内的丰富信息，还能在较短的时间内得到对方的反馈信息，因此这种沟通方式很受欢迎。不过我们也应当注意到，使用电子邮件沟通具有一定的风险性。

美国国内通信协助中心的一名特工就指出："邮件系统的漏洞使其很容易受到攻击，可能导致邮件信息泄露、垃圾邮件轰炸、邮件病毒感染等严重的后果，所以我们在享受邮件带来的便利的同时，也要注意规避风险，才不会引来不必要的麻烦。"

2015 年，纽约一家网络公司的财务主管蒂姆·布朗收到了一封署名为该公司总裁"罗杰斯先生"的邮件，邮件中要求布朗立即向某账户转账 3 万美元。布朗出于谨慎的考虑，仔细地检查了这封邮件，发现邮件来自一个熟悉的域名，但其中有个符号与正确的域名略有区别：对方将"I's"中的字母"I"故意写成了阿拉伯数字"1"。如果布朗没有仔细检查的话，根本就无法发现这个细微的差异。看着这个奇怪的域名，布朗感到非常诧异，他马上将这封邮件提交给了公司的安全部门进行分析。

安全部门的同事经过调查后，认为这是一起典型的黑客攻击。显然黑客之前对公司信息做了不少研究，并对公司的安全系统进行过攻击，之后他们通过技术手段成功地窃取了公司总裁和财务人员的姓名、基本信息以及常用邮箱，然后以总裁的名义向财务人员发送假邮件，妄图从该公司骗取钱财。好在公司平时很注意邮件使用方面的安全教育，所以员工才能够轻易识破黑客的诡计。

不过该公司在事后还是联系了有关部门，因为他们认为这很可能不是孤立事件，如果不尽快阻止这些黑客的行为，就可能让更多企业和个人受害。网络犯罪快速反应小组在接到这个消息后非常重视，立刻采取了行动。由于黑客非常狡猾，善于隐藏自己的踪迹，探员们就与该公司的安全部门合作，先与黑客假意进行了几次交流，然后想办法获取了黑客的网络地址，还搜集了一些与诈骗计划有关的关键信息。

经过几天几夜的苦战之后，探员们在得克萨斯州抓获了一名黑客，并顺藤摸瓜地挖出了一个黑客犯罪集团，掌握了大量犯罪证据。在调查中，探员们惊讶地发现，这个黑客组织手头还掌握了其他100多个有拼写错误的域名，显然他们正在准备酝酿更多的网络攻击，幸好探员们及时地捣毁了这个组织，才避免了更多企业遭受经济损失。

像本案例中这种黑客利用电子邮件实施的犯罪活动并不罕见，这些惨痛的教训也提醒了我们，在进行邮件沟通时必须首先考虑安全问题。在企业、政府担任重要职务的人士不能轻易暴露自己的邮件地址、邮件内容，以免造成重要信息泄露。另外我们也不能忽略系统的安全保护工作，切勿留下隐患，让病毒、黑客能够有机可乘。

那么，在使用邮件沟通时，为了确保安全，我们应当注意哪些细节呢？以下是破案专家给出的一些建议。

1. 发送电子邮件时的安全细节

（1）对邮箱及文件、附件进行加密。

为了避免邮件信息泄露，我们需要对自己在工作场所使用的邮箱以及一些重要的邮件进行加密保护。以 Foxmail 邮箱为例，破案专家建议我们对于邮箱账户要设置访问口令（非登录密码），在设置后账户前会出现锁形标记，这样如果没有口令的话就无法查看该邮箱里的邮件内容，这无疑是为邮箱的安全增加了一道屏障。

另外，对于非常重要的邮件我们可以使用密钥进行加密，这样对方在接收时必须使用相同的密钥才能够打开邮件阅读内容，有助于预防邮件信息的泄露。

（2）谨慎选择收件人。

在用邮件进行沟通的时候，我们一定要注意谨慎选择收件人，否则如果不慎将邮件抄送给了部门外的人士，就可能造成重要机密泄露。所以，我们一定要谨慎使用电子邮件的“抄送”功能，而且最好不要使用“回复全部”功能，以免将邮件误发给了当事人以外的对象。

（3）保留发送邮件的证据。

利用邮件进行沟通，可能会因为网络故障导致发送失败，有时还有可能被对方当成垃圾邮件而删除，甚至有时还会有对方故意声称没有收到邮件的情况。为了预防这些风险，我们在发送邮件时可以先抄送一份给自己，以作为必要的凭据。

另外，如果双方可能会对邮件内容产生争议，那就可以将邮件中提到的重要内容及时保留纸质文件，并要求对方签字盖章予以确认，以减少不必要的麻烦。

（4）确保对方已经收到邮件。

对于非常重要的沟通事项，为了确保对方能够及时看到内容，我们在发送邮件后可以打电话给对方，以引起对方的重视。另外，我们可以对邮箱软件进行简单的设置，这样就可以知道对方是否已经阅读过邮件。以Outlook为例，我们可以在“邮件选项”中选择“请在送达此邮件后给出‘送达’回执”或“请在阅读此邮件后给出‘已读’回执”，这样就可以在发出邮件后实时掌握邮件的送达情况了。

（5）避免邮件被当作垃圾邮件。

有时我们发出的邮件对方很久都没有收到，可能是因为系统将我们的邮件误判为垃圾邮件而进行了隐藏。为了避免出现这种情况，如果我们是第一次与对方进行邮件沟通的话，就不要在邮件中插入图片和附件，以免被系统判定为广告。

另外，邮件中最好不要出现链接，否则也容易被系统拦截。此外，邮件如果采用了过于奇怪的字体、耸人听闻的标题，也有可能会被当成垃圾邮件屏蔽，所以在发送邮件时最好采用平实的标题、常用的字体。

2. 阅读电子邮件时的安全细节

（1）谨慎打开陌生邮件。

如果我们收到了来自陌生人的电子邮件，先不要急于打开，哪怕邮件使用了相当诱人的标题，也不能随意阅读。因为这类邮件可能存在病毒，其文件名也有可能是伪造的，会危及我们的系统和信息安全。比如，破案专家曾经发现过一种通过邮件传播的病毒“威尔佐夫”，它就是利用人们的好奇心吸引点击，一旦感染这种病毒后，电脑运行速度就会减慢，还会造成网络崩溃。所以破案专家提醒我们不能随便打开陌生邮件，平时还应当注意开启杀毒软件的邮件监控功能，以防范风险。

（2）不要随意点击邮件中的链接和附件。

如果我们收到的邮件中有链接或附件，我们也要注意不能轻易点击，以免进入钓鱼网站或让系统感染病毒。因此，即使是比较熟悉的朋友、同事发来的邮件，如果其中带有附件，但是他们没有在邮件中提及或是说明，那我们也不能轻易下载或运行附件。因为有些病毒会在邮箱主人不知情的情况下向其通信录中的好友发送带有附件的邮件，比如“Happy 99”就是这样的病毒，所以我们应当提高警惕，可以将附件点右键选择“另存为”处理，然后用杀毒软件杀毒后再打开阅读。

（3）设置邮箱过滤。

很多电子邮箱软件提供过滤功能，我们可以根据自己的需要，对于收件人、附件、邮件大小、包含字词等设置过滤规则。比如，设置收到的邮件大小不能超过某一设定数值，否则就会被认为是邮件炸弹而被系统屏蔽，再如可以设置过滤带有某些字眼的邮件，这样也可以避免接收到一些垃圾邮件、病毒邮件。

除此以外，如果是在网吧、公共机房、办公室等公共场所收发电子邮件，还要注意做好安全防范工作。比如，在查阅一些涉及敏感问题的邮件后可以直接将其从垃圾箱中彻底删除，避免被他人查阅到邮件。另外，在关闭电脑离开前，还要注意清理浏览器的缓存文件，以免他人调用缓存来查看邮件内容。

即时通信，提升沟通效率

随着网络技术的飞速发展，更加快捷高效的沟通方式——即时通信应运而生，为我们的沟通提供了更多可能。相对于书面沟通、电子邮件等沟通方式来说，即时通信可以实现实时性的交流，减少了等待回复的时间浪费，便于进行双向沟通。而且沟通的双方无论身处何处，都可以利用即时通信工具来沟通，并且还能通过即时通信工具的音频、视频功能实现“面对面”的交流，这一点是电话沟通都不具备的优势。因此现在无论是个人还是政府机构、企业部门，都越来越多地使用这种沟通方式。

破案专家在实践中也非常重视即时通信工具的使用，一位破案专家就曾经在培训时这样对新学员说道：“作为探员，我们应当追随时代潮流，用即时通信来进行高效沟通，以加速信息的传递、整合和运用，为我们办理案件提供更多方便。”

在实际工作中，破案专家会利用即时通信工具来进行沟通，如总部信息资源部就会将一些最新的法律新闻以及犯罪分子的行踪通过即时通信工具发送给探员们，而且探员们之间也会利用即时通信工具交流信息，以便快速做出决策，提升办案效率。此外，有时为了获得更多线索，探员们甚至还会隐藏自己的身份，在网络上与犯罪嫌疑人聊天，以获取他们的信任，并从他们口中探听到更多实情。

2013 年，有关部门通过对网络信息进行监控，发现了堪萨斯州威奇托机场的一名技术员洛温曾经多次发表“准备对本地居民进行恐怖袭击”的言论。有关部门对此事非常重视，特地派遣了一位探员通过即时通信工具与洛温搭上了关系。

这名探员考虑到洛温的性格和喜好，谎称自己是某恐怖组织的成员，还有意无意地对洛温透露了一些“恐袭”方式，让洛温产生了浓厚的兴趣。没过多久，洛温就将探员视为知己，还在一次聊天时向探员透露，自己打算在机场客运大楼策划一起自杀式汽车炸弹袭击事件，并打算向探员购买一些制造炸弹用的材料。

这位探员开始被洛温的话吓了一跳，但是经过反复试探后，他发现洛温对此事非常认真，绝对没有半点开玩笑的意思。于是探员先尽量用一些借口稳住洛温，让他同意暂缓行动，然后马上将全部的聊天记录上传到总部服务器，并向总部询问下一步该如何行动。

总部的工作人员经过一番周密部署后，将行动计划通过即时通信工具传递给了身在堪萨斯州的探员。随后不久，探员想办法弄来了一些假的炸弹材料，送给了洛温。洛温如获至宝，马上制作了一些简易炸弹。在此期间，探员们一直密切地关注着洛温的一举一动，等他开着装满爆炸物的货车准备前往机场时，便将他当场抓获。由于证据确凿，洛温无法为自己辩驳，只得乖乖接受法律的制裁。

在这个案例中，即时通信工具可以说为探员办案提供了极大的方便。

一方面，探员在办案时利用即时通信工具隐藏了自己的身份，骗取了嫌疑人的信任，从嫌疑人口中套到了实情；另一方面，探员在与总部进行双向沟通时，即时通信工具也发挥了高效、快捷、方便的优势，使得总部可以快速做出决策，而探员也可以快速执行。也正是因为这样，案件才能够在极短的时间内获得侦破，并且探员们还能够在嫌疑人作案之前将其抓获，避免了对民众的生命财产造成损失。

由此可见，我们在日常工作沟通时，也应当充分发挥即时通信工具的优势，使得我们的沟通效率也能够得到显著的提升。

那么，在使用即时通信工具进行沟通的时候，为了更好地提升沟通效率，我们有哪些需要注意的地方呢?

1. 集中注意力在工作上

即时通信工具虽然可以让我们在工作中更加快捷地交流，但是也会出现因为频繁聊天而扰乱正常的工作节奏，结果反而使工作效率降低的情况。为此，使用即时通信工具时要专注于工作本身，不要将私人的问题与公务混为一谈。如果同事发来的信息有“拉家常”的嫌疑，我们也可以态度友好地提醒对方，让对方自觉地停止这种降低沟通效率的行为。

2. 注意语言简练

为了提升沟通效率，我们在发消息时要注意尽量长话短说，要争取用最简短、最精练的话语将自己要传达的信息说清楚，切忌在发消息时把一件事情分成几句甚至十几句来说，这样不但会让对方感到迷惑，还会影响对方的工作效率，会让对方十分反感。另外，如果是与比较熟悉的同事、上级等进行沟通，就可以在聊天时不说“你好”，而是直接进入主题，这样也可以节省不少时间。

3. 尽量不要使用语音聊天功能

很多即时通信工具都带有语音发送功能，而且发送语音确实比打字要方便一些，所以很多人便养成了用语音来聊天的习惯。不过如果我们过度依赖语音沟通，就可能会给他人带来很多不便。因为有时在对方所处的场合，可能并不适合收听语音，而且语音比起文字来说也可能不够清楚，有时会因为语速过快、方言差异、背景嘈杂等因素而导致对方听不清我们在说什么。所以我们最好不要使用语音进行沟通，特别是一些重要的事项，更是应当字斟句酌，形成精确、简明的文字信息后再发送给对方。

此外，我们要做好聊天记录的备份工作，因为很多时候我们会在沟通中谈到一些非常重要的问题，它们虽然会保留在聊天记录中，但如果遇到重装电脑系统的时候，这些聊天记录就会被全部清空，会给我们的工作带来很多不便。所以我们有必要将聊天记录定期备份并导出，存放在安全的地方，以防不测。

视频会议，拉近沟通距离

随着科技的发展，沟通方式也呈现出与时俱进的态势。近几年兴起的视频会议，让不同时区、不同国度的人们可以借助网络，实现“面对面”的交流，增强了会议气氛，提高了工作效率。破案专家斯特雷佐克就曾经这样说过：“视频会议为我们与其他组织或机构保持紧密沟通提供了便利，而且利用视频会议，我们还可以与远在其他国家的同事进行无阻碍的交流，既能听到他们的声音，也能看到他们的形象、表情、动作，还可以看到他们出示的证物、文件、图表等，这无疑让我们的工作效率又迈上了一个新的台阶。”

2017 年 6 月，美国伊利诺伊大学发生了一起神秘的失踪案，一位来自中国的访问学生在一天下午离开学校后就一直未归。老师、同学多次拨打她的手机，都提示已经关机。第二天一早，校方报警。

探员们每天工作十几个小时，从学校附近的视频监控录像中寻找线索，同时还走访了大量证人，并尝试分析学生失踪前留下的一些通话、聊天记录等，试图找到案件的突破口。

由于有证人声称该女生是乘坐一辆私家车离开学校的，探员们就与优步、来福车等打车软件公司合作，并联系了移动电话公司，寻求多方面的查询协助。由于参与此次案件的单位众多，为了沟通方便，探员、警方代表以及通信公司、打车软件公司、校方等众多单位的代表定期召开视频会议。在视频会议上，有关负责人向大家通报案件调查进展，而相关单位也可以即时地传递一些最新收集到的信息，并共同讨论下一步的搜索计划。

与此同时，有“华人神探”之称的李昌钰博士还向警方推荐了一位擅长模拟画像的中国专家，这名中国专家也通过视频会议与相关人员建立了联系，他通过分析监控画面，手绘出了嫌疑犯的模样，为最终抓获犯罪分子提供了极大的帮助。

在这个案例中，我们可以看到有关部门在侦办案件方面，越来越注意采取高效、先进的沟通方式，而视频会议这种新颖的技术也为他们在通信、协作和决策方面提供了更多便利。

不过，视频会议虽然有不少的优势，但我们在使用这种沟通方式的时候，要想达到最为理想的效果，就必须注意以下几个方面。

1. 做好召开视频会议的准备工作

（1）内容准备。

在召开视频会议前，我们首先应当对自己想要与他人沟通的事项有一个非常清楚的认识，并最好列出明确的提纲，再选择必要的材料。对于一些没有必要马上讨论的问题可以改用邮件沟通，以免浪费大家的时间，降低会议的质量。

（2）硬件准备。

为了让对方能够清楚地看到我们的形象以及我们所出示的文件、图像等物品，我们还应当调整好摄像头的位置和角度，同时要注意室内光线的调节。我们可以用窗帘遮住阳光，以免摄像头反光影响对方的视觉，但也要注意室内光线不可太暗，否则也会影响沟通的效果。

（3）人员准备。

视频会议可以在两个人之间进行，也可以在多人之间进行，但是为了不影响音频、视频的质量，每次最好不要安排太多人员参会。而且为了避免大家争相发言，引起会议混乱，作为会议主持者的一方还要事先拟定名单，并规定好发言顺序，这样可以使视频会议的沟通效果更好。

2. 遵守视频会议的操作规定

（1）按顺序发言。

在视频会议中，所有成员应当注意按顺序一个一个发言，不能在他人说话的同时抢先发言，这样一方面不够礼貌，另一方面也会让麦克风将不同的声音混合而产生刺耳的噪声，而且说话的内容也难以听清，所以应当注意避免。

（2）控制会场噪声。

在视频会议进行的过程中，我们最好能够像平时开会那样，在自己的座位上正襟危坐，不要在会场中走来走去，更不能够随意地搬动东西、移动麦克风，因为视频会议的麦克风灵敏度很高，稍有干扰就会发出很大的噪声。所以我们在开会前可以把所有要用到的物品摆在自己能拿到的地方，并且要固定好麦克风，这样就能够减少很多不必要的噪声了。

除此以外，一定要严格遵守预定的会议时间，按时进行，不能因为某人缺席就无限期地等待，这样反而会造成时间的浪费。另外，视频会议的持续时间也不能过长，只要参会成员把需要交流的信息交代清楚，并制订好下一步的行动规划，就可以圆满结束会议了，没有必要再东拉西扯一些与议题无关的事情，以免影响沟通效率。

图书在版编目 (CIP) 数据

破案神探：百战百胜的超级沟通法 / 朱其真著 . —北京：中国法制出版社，2020.6

ISBN 978-7-5216-0870-0

Ⅰ . ①破…　Ⅱ . ①朱…　Ⅲ . ①心理交往—应用—刑事侦查　Ⅳ . ① D918 ② C912.11

中国版本图书馆 CIP 数据核字（2020）第 021416 号

策划编辑：孙璐璐（cindysun321@126.com）

责任编辑：王悦（wangyuefzs@163.com）　　封面设计：汪要军

破案神探：百战百胜的超级沟通法

PO'AN SHENTAN: BAIZHAN BAISHENG DE CHAOJI GOUTONGFA

著者 / 朱其真

经销 / 新华书店

印刷 / 河北鑫兆源印刷有限公司

开本 / 710 毫米 ×1000 毫米　16 开　　印张 / 13　字数 / 153 千

版次 / 2020 年 6 月第 1 版　　2020 年 6 月第 1 次印刷

中国法制出版社出版

书号 ISBN 978-7-5216-0870-0　　定价：39.80 元

北京西单横二条 2 号　邮政编码 100031　　传真：010-66031119

网址：http://www.zgfzs.com　　**编辑部电话：010-66034985**

市场营销部电话：010-66033393　　**邮购部电话：010-66033288**

（如有印装质量问题，请与本社印务部联系调换。电话：010-66032926）